지금에서야 알 수 있는 것들

지금에서야 알 수 있는 것들

노승현 지음

시공사

프롤로그

"옛날 옛날에……."

이 말이 나오는 순간 눈을 반짝이던 시절이 있었다.

나 어렸을 적, 할머니의 무릎을 베고 누워 듣던 이야기는 내 마음에 오롯이 담겨 오랫동안 기억 속에 남아 있다. 할머니가 들려주는 다양한 삶의 지혜는 세월의 흐름 속에서 잔소리가 아닌 하나의 이야기로, 지금껏 살아오는 내내 소중한 지표가 되어 주었다.

우리가 미처 알지 못했던 그 시대의 이야기, 그 시대를 살았던 사람들의 이야기, 그 사람들을 통해 얻은 삶의 지혜, 그 지혜 속에 담겨 있는 감동······.

    시간이 흐름에 따라 계절이 변한다.
    계절이 변하면서 세월이 흐르고, 세월이 흐르면서 사람이 바뀌고, 사람이 바뀌면서 문화가 달라진다. 문화가 달라진 것을 느끼는 순간, 세대가 변하고 나이 든 사람들은 어느덧 지난 세대가 되어 지난 시간들을 반추하게 된다.

    전하고 싶었다.
    아이가 어른이 되고 어른이 노인이 되는, 그 순리를 닮은 24절기에 그 세월을 지나온 사람만이 말해줄 수 있는 수십 년의 이야기를 담아서 말해주고 싶었다.
    한 시인이 이런 말을 했다.
    '지금 알고 있는 것을 그때도 알았더라면'이라고.
    하지만 지금에서야 알 수 있는 것도 분명히 존재한다. 빠르게 변하는 현대의 거센 흐름 속에도 변하지 않는 가치라는 것이 있기 때문이다.

이 책을 통해 겪어 온 세월의 흐름 속에서 변한 세상의 모습과 그 안에서 변하지 않고 자리를 지키고 있는 가치에 대한 이야기를 들려주고 싶다. 그래서 나보다는 조금 나중을 살고 있는 사람들이 일찍 그 가치를 깨닫고, 마음에 품으면서 살았으면 좋겠다.

노승현

차례

프롤로그 5

봄

입춘
봄을 부르던 책 냄새 19

우수
나를 가장 나답게 만드는 것 31

경칩
사람들은 자신만의 목표를 가지고 산다 41

춘분
고맙다. 고마워! 51

청명
사랑, 그 가볍고도 무거운 감정이란 61

곡우
길게 이어지니까 그게 인연이지 71

여름

입하
대가족이어서 배울 수 있었던 것 83

소만
그저 곁에 있어만 주어도 93

망종
안에서부터 단단하게 101

하지
외할머니, 내리사랑의 비밀 111

소서
베풀 때는 그저 마음 하나만으로 117

대서
그 해 여름, 가장 뜨거웠던 모정 127

가을

입추
아, 삼시 세끼의 고마움이란 143

처서
같이 살아야 하지 않겠어 153

백로
혼자가 아닌 모두를 위한 절약의 습관 163

추분
다르다는 것이 틀린 것은 아니지 173

한로
그저 받아들일 수밖에 181

상강
부족하기에 더 고마운 세상 189

겨울

입동
손, 잡아드릴까 203

소설
날 겸허하게 만드는 한 가지 213

대설
전쟁, 그 섬뜩했던 순간 221

동지
돈을 부르는 돈 만들기 231

소한
취할 것이냐 즐길 것이냐 239

대한
그러려니, 다 그러려니 251

사진첩 256

봄

곱구나.
참 곱다.
뽀얗게 피어 오른 여린 시간들이
까르르 웃으며 흘러가다 멈추면
마음 한 켠 간질이며 싹이 돋는
여린 봄.

立春 입춘

봄이 들어선다
대문마다 붙인 입춘대길 네 글자에 담긴 한 해의 소망

봄을 부르던 책 냄새

 사람마다 봄을 느끼는 방식은 다르다.
 어떤 사람은 어디선가 불어 온 바람에 실린 따뜻한 기운으로 봄이 왔음을 느끼고, 어떤 사람은 앙상하던 가지를 물들이는 연한 초록색을 보며 봄을 느낀다. 누군가는 옷이 가벼워짐을 통해서 봄이 왔다는 것을 깨닫고 가끔 아주 무딘 사람은 남들이 반팔을 입고 다니는 초여름 문턱에서야 '아, 봄이 벌써 지났구나'라는 것을 깨닫기도 한다.
 계절의 변화는 이처럼 날씨나 자연의 변화로 느끼는 것이 보통이다. 하지만 내게 봄이 왔음을 알리는 소식은 책이다.

손주들이 신학기 교과서를 받고, 새 참고서를 사야 한다는 말을 들을 때, 주변 사람들이 독서를 신년 목표로 삼고 읽을 책들을 고르면서 설레어 하는 것을 볼 때, 나는 비로소 '아, 또 한 번의 봄이 왔구나'라는 생각을 하곤 한다. 그리고 봄소식과 함께 늘 어떤 장면을 떠올리곤 한다. 인쇄소에서 막 뽑아내 잉크 냄새가 채 가시지 않은 책들이 착착 포장이 되어 대문 밖으로 실려 나가는 모습이다.

할아버지가 운영하셨던 출판사에서 교과 학습서를 많이 만들었기에 신학기에는 늘 온 집안이 분주했다. 겨우 내 문인들의 사랑방 역할을 해오던 집에 손님 대신 종이가 쌓이고, 술상 대신 활판이 들어오고, 웃고 떠드는 소리 대신 낮 밤 없이 돌아가는 인쇄 기계 소리가 집 안에 울려 퍼지면, 어린 마음에도 '봄이 오는구나'라고 생각했다. 그리고 완성된 책들이 대문 밖을 나설 무렵이면 어김없이 종로 거리에 목련 꽃이 피어 있었다.

이렇듯 내게 봄은 향긋한 꽃향기뿐만 아니라 진한 잉크 냄새와 함께 성큼 다가왔다.

70년 전, 나는 출판사 집 맏손녀, 박문서관 큰 애기였다. 지금

YMCA 건물 옆길, 꽤 넓은 집을 휘젓고 다니던 오남매 중의 첫째, 그게 나였다.

할아버지는 1907년에 박문서관을 만들었다. 초기의 박문서관은 전문 출판사는 아니었다. 나중에 집안 어른들에게 들은 바로는, 할아버지는 다른 출판사에서 나온 책이나 약, 문구류 같은 것을 팔던 잡화점에 가까운 곳을 운영하다 자본금 200원에 월세 6원으로 작은 서적상을 시작하신 것이 그 시작이라고 했다.

당시에 팔았던 책은 '딱지본'이라 불렸던 고대 소설로《춘향전》,《심청전》같은 것들이었다. 추수가 끝난 겨울이면 마을사람들이 모여 앉아 목소리 좋은 사람이 책을 낭독하는 것을 즐겼다고 한다. 그렇게 책과 함께 추운 겨울을 보내고 나면 또 다시 봄이 오는 것이다.

할아버지는 그저 영리만 추구하는 장사꾼이 아니었다. 꾸준히 계몽서적이나 교과서 등을 만들어 박문서관을 단순 서적상이 아닌 전문 출판사로 끌어 올렸다. 지금 생각해보면 할아버지는 책이 사회에 미치는 영향을 굉장히 중요하게 생각했던 것 같다. 책을 만드는 한 사람으로서 나름의 철학과 사명을 가지고 있었던 것이 아닐까. 책을 대문 밖으로 실어보내면서 마치 딸

봄은
향긋한 꽃향기뿐만 아니라
진한 잉크 냄새와 함께
성큼 다가왔다.

시집보내듯 하나하나 어루만지던 할아버지의 손길이 아련하게 기억난다.

박문서관이 소위 말하는 근대기 최고의 출판사가 된 것은 내가 태어나기 5년 전인 1931년, 대동인쇄소를 인수하면서부터였다. 그때부터 박문서관은 규모도 커지고 더 체계화된 출판사가 되었다. 내가 태어날 무렵에는 종로에 출판사와 서점이 1, 2층으로 되어 있는 건물과 인사동에 인쇄공장을 신축하기까지 했다. 그 인쇄 공장과 바로 연결되는 곳에 마당이 너른 집을 지었는데, 나는 그 집에서 나고 자랐다.

늘 집에 책이 가득했던 까닭일까. 어린 내게 책은 무척이나 친근한 것이었다.

《한월》,《도리원》,《금상첨화》,《구운몽》,《삼국지》,《서유기》,《윤심덕 일대기》,《박씨부인전》, 셰익스피어의 작품들,《돈키호테》,《걸리버 여행기》, 춘원 이광수의《사랑》, 박종화의《금삼의 피》, 염상섭의《일심》등 뜻도 모른 채 아주 어렸을 때부터 읽기 시작했다. 주변에 장난감보다 흔한 것이 책이었으니 그저 손에 잡히는 대로 읽었던 것 같다.

그 중에서도 내가 가장 좋아하던 책들은 추리 소설이었다. 이국적인 배경과 미스터리한 사건들은 어린 나를 늘 두근거리게 했다. 너무 어려서 무슨 말인지 잘 이해하지 못할 때도 그저 책 전반에 흐르는 분위기만으로 온갖 상상의 나래를 펴곤 했다. 특히 한 겨울에 따뜻한 방구석에 자리를 잡고 앉아 추리 소설에 빠져 들면 시간 가는 줄 모를 정도였다.

그렇게 쌓여 있는 추리 소설을 다 읽을 때쯤 봄이 왔다. 새로 찍어내는 교과서들과 함께.

교과서를 밖으로 실어 나르는 것을 구경하다가 슬쩍 대문 밖으로 나가면 이미 종로 거리는 봄기운을 가득 머금고 활기를 띄고 있었다. 겨우 내 잠잠했던 노점들도 하나 둘 나와 자리를 폈다.

그 당시의 종로 거리는 지금과는 완전히 달랐다. 자동차 길에는 전차와 자동차가 함께 다녔고 건널목이 따로 없어 사람들은 그저 차에 부딪히지만 않도록 조심하며 자유롭게 거리를 활보했다. 지금 높은 건물로 채워진 곳들은 모두 낮은 건물의 잡화점이나 가정집이었다. 그나마 큰 건물은 YMCA와 지금의 종로타워 자리에 있었던 화신백화점 정도였을까. 사람들이 많이 다니는 번화가이기는 했지만 조금만 안쪽으로 들어가면 한산해지는 그런 곳이었다.

다양한 물건을 팔았던 노점상 중에서도 딱지본으로 제본한 책을 파는 노점상은 특히 더 인기가 많았다. 한 권을 사서 서로 돌려보기도 하고, 책이 너덜해지면 집에서 제본을 다시 해서 보는 등 당시 사람들은 책을 무척 소중하게 생각했는데 아마 종이가 귀해서 더 그러지 않았을까 싶다.

인쇄소에서도 책을 찍어 낼 종이를 구하지 못해 출판 시일이 연기될 때가 많았고, 결국엔 여러 대용물을 섞어서 겨우 인쇄를 하곤 했다. 그렇게 인쇄된 책은 자연히 한 권 한 권 소중할 수밖에 없었다. 책을 읽는 사람에게도 소중하기는 마찬가지였으나 책을 만드는 사람의 입장에선 종이조차 귀한 시절에 찍어내는 책 한 권, 한 권이 자식과 다름없었다.

어쩌면 책이란 항상 모자란 듯 곁에 있어야 소중함을 제대로 느끼는 건지도 모르겠다. 책이 귀하고 소중했던 시절, 문장 하나하나를 다시는 못 읽을 것처럼 곱씹어 읽고 또 읽었던 그때가 그립다.

어쩌면 책이란 항상 모자란 듯 곁에 있어야
소중함을 제대로 느끼는 건지도 모르겠다.

우수 **雨水**

대지를 촉촉하게 적시는 단비
얼었던 대지와 강이 녹으면서 피어난 새싹들

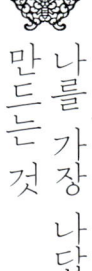

나를 가장 나답게 만드는 것

입춘이 지나면 동해동풍이라 했다. 차가운 북풍이 걷히고 동풍이 불면서 얼었던 강물이 녹기 시작한다. 따스한 동풍과 봄비를 맞으며 한강 물이 비로소 풀리면 대지의 냉기는 물러나고 바위처럼 단단했던 세상은 사르르 녹는다.

　차가운 바람 속에서만 날개를 펼 수 있는 기러기는 성큼 다가온 봄기운을 등지고 추운 북쪽을 향해 쫓기듯 날아간다. 기러기가 모두 날아갈 즈음이 되면, 비로소 풀과 나무에 싹을 부르는 봄비가 내린다.

　반가운 봄비가 내리면, 촉촉한 물방울을 머금은 봄풀에 눈길이 간다. 겨우 내 언 땅을 비집고 나와 꼿꼿이 선 봄풀. 특유의 파릇파릇한 느낌과 초록빛깔이 참 예쁘다. 평소에 오며 가며 밟고 지나가는 사람들에 조금 더럽혀 진다해도, 내리는 빗방울에 진흙은 깨끗이 씻겨나가고 다시금 생기 있는 빛깔을 내보인다. 아무도 쳐다보지 않는 바닥에서 마치 나 여기에 있어, 외치듯 자그마한 몸집을 세워 당당하게 고개를 내미는 모습이 감동스럽기까지 하다.

나는 어렸을 때부터 자존감이 매우 강한 아이였다. 여자인 데다 어리기까지 했던 내가 그 자그마한 몸집을 꼿꼿이 세우고 다닐 수 있었던 것은 전적으로 가족들 덕분이다. 내가 잘한 것은 세상 그 누구보다 잘 했다며 아낌없이 칭찬을 해줬고, 잘못한 것은 반복하지 않도록 세심하게 주의를 주었다. 정당하게 칭찬받고 부당하게 혼나지 않는 것을 경험하면서 나는 스스로를 사랑하는 방법을 자연스럽게 익혀나갔다.

여덟 살 즈음의 일이다. 전쟁이 한창이었던 그 시절 나는 소학교에 들어갔다. 지금은 종로구청이 된 수송국민소학교였는

데, 소집일에 어머니와 함께 가게 되었다. 전쟁 중이었지만 운동장이 빼곡히 들어찰 정도로 아이들이 상당히 많았다. 몇 명의 한국인과 일본인 선생님들이 나와서 우리를 줄지어 서게 한 후, 한 사람씩 방으로 들어오라고 했다. 나와 어머니는 무엇을 하는지 궁금하여 고개를 쭉 내밀고 보았지만 방 안은 보이지 않아 그저 기다리는 수밖에 없었다. 이윽고 내 차례가 되어 어머니는 바깥에 있고 나만 방 안에 들어갔다. 긴장 반 설레임 반으로 조금은 겁이 났던 것 같다.

방 안에 들어가자 한국인 선생님이 친절하게 상자 안에 있는 물건들을 보여주면서 잘 기억하라고 했다. 그러곤 상자를 닫고, 보여주었던 물건들에 대해서 질문을 했다. 지우개, 도시락, 나막신 등 많은 물건들이 있었는데, 난 기억나는 대로 열심히 대답을 했고 선생님은 내게 잘했다며 머리를 쓰다듬고는 바깥으로 나가게 해주었다. 영문도 모른 채 바깥으로 나오니 어머니가 날 번쩍 안아 올리며 잘했다고, 잘했다고 칭찬을 해주셨다. 난 그 순간이 참으로 따뜻해 지금도 잊혀지지 않는다.

이후에도 난 칭찬을 많이 들으며 자랐다. 그렇다고 꾸중을 들은 적이 없는 것은 아니다. 특히 또렷이 기억이 나는 건, 막내 동생에게 심술이 나서 괴롭혔을 때였다. 어머니가 동생이란 먼저 보살펴주고 아껴주어야 하는 가족이라며 내가 납득을 할 수 있게 조목조목 꾸지람을 하신 덕분에 난 동생에게 다시는 심술을 내지 않고 누나로서 사랑하고 이해할 수 있었다.

어릴 적 나는 인쇄소에 가서도 이것저것 구경하며 한 번씩 인쇄기를 내가 작동시켜보곤 했다. 그럴 때 집안의 어른들 중 누구도 '넌 여자애니까 안돼'라며 말리지 않았다. 오히려 넉넉한 미소를 지으며 인쇄기를 안전하게 작동시키는 법을 알려주었다. 그 외에도 어리다고, 여자라고 무엇 하나 말리는 법 없이 무엇이든 지지해주고, 더 잘 할 수 있게 도와주었다. 그런 덕분에 난 움츠러들기보다는 어떤 일에도 당당할 수 있었다.

만약 내가 어려서, 여자라서 무언가를 못 하게 하고 제한을 했다면, 난 아마 생각을 펼치는 법을 배우기도 전에 숨기는 것을 먼저 배웠을 것이고, 내가 소중하고 괜찮은 사람이라는 것을 깨닫기 전에 나는 안 된다는 것을 먼저 습득했을 것이다. 그리고 자존감을 안에서부터 채워 발현하는 것이 아니라 끌어다 모은 잘난 척으로 겉을 동여매는 데 오랜 세월을 보냈을지도 모른다.

그렇게 자라 대학교 시절, 미팅이란 걸 하게 되었다. 지금보다 훨씬 남자들을 여자들보다 우대해주는 시대였지만 난 미팅을 나가서도 상대방 남자에게 잘 보이려고 아양을 떨거나 주눅들지 않고 항상 당당했다. 당시엔 빵집에서 미팅을 하는 것이 유행이었는데, 친구들과 나는 언제나 우리가 먹은 것을 계산하고 나왔다. 괜히 신세질 필요가 없다는 생각에서였다. 우린 그것이 당연하다고 생각했는데, 지금 와서 돌이켜보면 그 당시엔 흔치 않았던 일이었다.

사람은 살아가면서 '내가 언제 가장 나답지?'라는 질문을 자신에게 항상 할 수 있어야 한다. 물론 그 질문에 대한 답은 사람에 따라 천차만별일 것이다. 공부를 할 때, 연애를 할 때, 웃을 때, 화낼 때, 축구를 할 때, 글을 쓸 때 등등 저마다의 특성이 다르니 그에 대한 답도 다를 수밖에 없다. 하지만 그보다 먼저 필요한 것이 있다. 내 자신을 있는 그대로 인정하고 내가 무엇을 원하는지 나는 어떤 사람인지를 먼저 아는 것이다. 남이 세워준 목표, 세상이 요구하는 답이 아니라 자신을 가장 자신답게 만드는 것을 찾아야 한다. 그게 바로 자존감이다. 나는 감사하게도 가족들의 큰 배려와 사랑을 통해 자연스럽게 나를 사랑하고 똑바로 세우는 법을 배울 수 있었다.

나의 남편 역시 권위를 앞세워 날 이기려 들기보다는 나의 자존감을 소중히 지켜주는 사람이었다. 어릴 적 우리 부모님처럼 말이다. 남편의 그 노력이 나를, 우리 가족을 감동시켜 결국은 평생 인연으로 이어진 것일 게다.

평상시엔 몰라도 살아가다 보면, 자존감이라는 게 매우 중요해질 때가 있다. 다만 자존감이라는 건 순식간에 짠하고 나타나는 것이 아니라, 오랜 기간 숙성되면서 더욱 깊어진다.

자신을 가장 자신답게 만드는 것.

사람들이 아무리 밟고 지나가도,
봄비를 맞으며 다시금 또 꼿꼿이 서 있는,
자그마한 봄풀에 계속 눈길이 가는 이유는
그 풀이 스스로 우뚝 서 있기 때문이 아닐까.
자존감이란 바로 그러한
꼿꼿함을 말하는 것일지도 모르겠다.

경칩 驚蟄

완연한 봄바람에 개구리가 깨어난다
혹독한 겨울을 지나 비로소 빛을 보게 된 새 생명들

사람들은 자신만의 목표를 가지고 산다

살을 에듯 추운 겨울이 되면 개구리는 아무것도 먹지 않고 겨울잠을 자기 시작한다. 그리고 언 땅이 녹기 시작하고 새싹이 돋아날 무렵이면 깨어나 주위를 살피고, 바깥으로 나와 활동을 한다. 누구도 개구리에게 일어나라고 알려주지 않는다. 스스로 봄이 왔음을 알고서 깨어나는 것인데, 그 시기는 개구리마다 조금씩 다르다.

개구리에게는 분명 목표가 있다. 추운 겨울을 살아내야 한다는 것, 봄이 오면 깨어나야 한다는 것.

물론 그 목표는 누군가와의 경쟁을 통해 도달해야 하는 것이 아니라 스스로 지켜야 하는 본능 같은 목표일 뿐이다. 스스로의 목표를 지켜낸 개구리는 따뜻한 봄을 만끽할 수 있지만 그렇지 못한 개구리는 서늘한 얼음 덩어리가 되고 말 것이다.

사람들도 저마다의 목표를 가지고 살아간다. 특히나 봄이 되면 새 학기를 맞는 학생은 물론이고, 직장인, 주부 등 누구나 새로운 목표를 세운다. 책을 많이 읽어야지, 살을 빼야지, 시험에 합격해야지, 여행을 가야지 등등. 나 역시 그랬다. 봄이 오면 괜스레 마음이 들떠선 어떤 목표라도 하나 세우지 않으면 이상할 듯한 분위기에 그때마다 하고 싶은 걸 목표로 세우곤 했다. 그러다 계절이 바뀌면 또 언제 그랬냐는 듯 잊어버리고 무던한 생활에 몸을 맡겼다.

학창 시절엔 해야 할 공부가 많았다. 다만 전쟁 시절엔 피난을 가느라 공부가 끊겼던 때가 많았고, 그때마다 사정도 여의치 않아 남폿불이나 촛불 아래에서 공부를 해야 했다. 그렇지만 예나 지금이나 시험을 치는 건 마찬가지였다. 시험을 치면 당연히 점수가 매겨질 테고, 점수가 나오면 당연히 등수가 나올 테고…… 어쩔 수 없이 친구들과 경쟁을 하는 수밖에 없었다.

하지만 나의 가장 큰 경쟁자는 바로 나였다. 솔직히 나보다

예쁜 친구, 공부 잘 하는 친구가 왜 없었겠나. 사람과 사람이 모여서 사는 이상 늘 비교의 대상은 있고 나보다 잘난 사람, 못난 사람도 있기 마련이다. 그런데 그럴 때마다 비교하고 눈치보고 애달아 하면 결국에는 스스로의 모습을 잃어버리게 된다.

물론 어렸을 때부터 이 모든 사실을 깨달았던 것은 아니다. 전쟁으로 인해 하루에도 몇 번씩 상황이 바뀌는 시대였고, 학교를 다니는 것도, 공부도 안정적으로 할 수 있는 시기가 아니었다. 오늘 내가 비교 대상으로 삼았던 친구가 내일 피난을 간다고 학교를 그만 둬 버리면 하루아침에 비교 대상을, 이겨야 할 상대를 잃게 되는 시대였기에 어쩌면 나 스스로가 나의 가장 큰 경쟁자가 될 수밖에 없었을지도 모르겠다.

그래서였을까. 늘 나의 목표는 '내가 할 수 있을까?' 하는 것보다 조금 더 높았고 그 목표를 향해 노력했다. 그리고 대체로 난 나의 목표를 이뤘다. 비록 등수는 좀 낮을지라도 스스로 세운 목표를 어긴다는 건 용납할 수가 없었기 때문이다. 그래서 이루고자하는 목표에 도달하고 난 뒤엔, 나에게 주는 상이랄까, 영화를 보러 가곤 했다. 목표를 이루고 난 뒤 여유 있게 보는 영화는 무척이나 달콤했다. 게리 쿠퍼와 그레이스 켈리 주연의 서

부영화인 〈하이눈(High Noon)〉 같은 영화가 그 시절에 스스로 상을 주기 위해 봤던 작품이다.

비슷한 맥락으로 난 가고자 하는 대학 역시 미리 정했다. 많은 학생들이 지원했던, 인기가 좋은 대학이었다. 어쩔 수 없이 많은 친구들과 경쟁을 해야 하는 상황이긴 했지만 그에 대해선 별로 개의치 않았다. 그저 대학에서 요구하는 목표를 채우는 데 매진했다. 굳이 누가 몇 시간을 공부했고, 누구는 밤을 샜다는 얘기에 흔들릴 필요는 없었다. 어차피 내가 세운 목표는 하나고 그 목표를 위해 내가 해야 할 일이 무엇인지를 분명히 알고 있었기 때문이다. 비교가 아닌 절대 가치. 내게는 그것만이 중요했다.

시험을 다 치르고 난 후엔 언제 그랬냐는 듯 영화를 보고, 친구와 이야기꽃을 피우며 즐거운 시간을 보냈다. 결과는 합격이었다. 사실 혹독하게 자기 자신과의 싸움을 이겨내야만 하는 고3 생활은 예나 지금이나 비슷하다. 다만 나의 경우 스스로 세운 목표였기에 그 과정도 즐길 수 있었던 것 같다. 스스로 한 약속을 지키기 위해, 나약해지고 게을러지는 나를 영화로 친구들과의 수다로 달래도 보고, 때론 남보다 더한 잣대로 채근하며 채찍질을 하기도 했다.

그 후에도 난 언제나 스스로 세운 목표만을 향해서 나아갔다. 항상 내가 세운 목표에 만족했기에 남들과의 비교는 필요가 없었다. 어쩌면 너무 어려서부터 스스로 만족하는 법을 알았던 건지도 모르겠다. 누군가는 끊임없이 다른 사람과 자신을 비교하며 더 열심히, 더 열심히 살아야 한다고들 하던데, 난 도통 그런 타입의 사람은 아니었나 보다. 오히려 자신의 목표는 없고, 남들과 비교만 하면서 공부하는 아이들을 보면 안타까운 마음이 들었다.

그런 부분에서 어떻게 보면 요즘 시대는 선택의 폭이 좀 더 넓어지지 않았나 싶다. 우리 때야 공부해서 좋은 대학가고, 그렇게 졸업해서 일자리를 찾아서 평생 그 직장을 다니는 것이 최고였지만 요즘은 좀 달라졌다고 생각한다.

물론 무조건 1등, 일류 대학, 대기업을 위해 자칫 소모적일 수도 있는 스펙 쌓기가 여전히 존재하기는 하지만 일찍부터 자기만의 기준으로 자기 세계를 구축한 젊은 사람들도 많이 보인다. 게임을 잘해서 우뚝 설 수 있다는 것, 노래와 춤으로 누구보다 자기 세계를 잘 구축할 수 있다는 것, 사진 찍는 재주, 글 쓰

나의 가장 큰 경쟁자는 바로 나였다.
비교하고 눈치보고 애달아 하면
결국에는 스스로의 모습을 잃어버리게 된다.

는 재주 등 꼭 공부가 아니더라도 자기에게 주어진 달란트를 일찍부터 개발해서 활용하는 친구들이 많다.

그렇게 비교를 거부하고 자기 세계를 만들어가는 젊은 사람들을 보면 나이에 상관없이 존경심이 생긴다. 그리고 정말 진심으로 대견하다.

스스로 자신이 하고 싶은 것을 알고, 그 목표를 정할 수 있어야 한다. 그리고 그 목표는 경쟁을 하는 목표이기보다는, 스스로 만족할 수 있는 목표인 것이 좋다. 자기 자신이 만족할 수 있다면 경쟁이, 비교가 무슨 필요가 있을까.

개구리들이 겨울잠을 자다가 서로 경쟁을 하듯 빨리 깨어나야 한다면, 아마 대부분 얼어 죽고 말 것이다. 겨울을 살아내야 한다는 스스로의 목표가 있기에 각자가 죽지 않고 봄을 맞이할 수 있다. 어린 학생들도 마찬가지다. 서로 경쟁을 시키고 비교를 하면 할수록 결국 망가지고 말 것이다.

스스로 목표를 세우고, 스스로 실천하고, 스스로 만족할 수 있다면 다들 얼마나 여유로울까.

춘분 春分

풍신이 샘이 나서 불러온 매서운 꽃샘추위
그 바람에 옷깃을 여미는 사람들

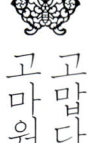

고맙다 고마워

차가운 바람이 분다. 따뜻한 봄기운이 대지를 녹이는가 싶더니 쌀쌀한 바람이 다시금 불어온다. 만개하려던 꽃도 움츠리고, 사람들은 장롱에 집어넣었던 코트를 다시 꺼내 몸을 숨긴다. 풍신(風神)이 샘이 나 꽃을 피우지 못하도록 바람을 불게 한다는 꽃샘추위. 겨울은 차라리 그러려니 하고 견디련만 따뜻하다가 갑작스레 불어오는 바람은 더욱 차갑게 느껴진다.

그해 꽃샘추위는 쌀쌀하다 못해 지독히 쓸쓸했다. 아무런 예고 없이 쓰러진 남편은 다시는 일어나지 못했고, 결국 세상을 떠났다. 남편의 빈 자리가 너무도 크게 느껴졌던 때였다.

누군가가 그랬다. 함께 살던 반려자를 잃는 슬픔만큼 정신적으로, 육체적으로 큰 충격을 주는 것은 없다고.

모든 것을 놓아버리고 싶었던 그때. 날 잡고 일으켜준 따뜻한 손이 있었다.

나의 친구들.

이럴 때 넋 놓고 있으면 더 슬퍼진다며 위로를 해줬고, 용기를 잃지 말라며 힘을 줬고, 무엇이든 할 수 있다며 조언을 아끼지 않았다. 당시 거의 매일 만나다시피 하며 나를 일으켜 세워 주고, 끌어 당겨 주고, 힘껏 밀어준 나의 친구들이 없었다면 지금의 난 어떻게 되었을까.

내게는 부모님보다도 오랜 세월을 함께한 친구가 네 명 있다.

한 친구는 다섯 살 때부터 함께 어울렸던 친구이고 열네 살, 중학교 1학년 때부터 친하게 지낸 친구들도 있다. 다들 직업도 다양하고 지금까지도 현역에서 일하는 친구들도 있어서 내게는 그 무엇보다도 큰 산맥이고 기댈 언덕이 되는 사람들이다. 지금도 매주 토요일이면 만나서 마치 학생들이 수다를 떨 듯 그렇게 일주일 간의 가족 이야기, 봉사 활동을 하다가 생긴 에피소드 등 시시콜콜하게 쌓인 이야깃거리를 풀어내곤 하는데 내게는 이 시간이 그 어떤 휴식시간보다 달콤하다.

그 중 내게 가장 큰 힘을 줬던 친구가 AK그룹의 C회장이다. C회장은 수줍음이 많고 부드러운 성품을 타고났음에도 일에 대해서는 열정적이고 활동적이어서 결단력 있게 밀고 나간다. 그리고 어린 나이에 남편을 떠나보낸 C회장은 내가 남편과 사별했을 때 누구보다 큰 힘이 되어 주었다.

"힘들겠지만 여기서 멈추면 안 돼. 힘을 내! 넌 할 수 있어."

당시 C회장이 내게 건넨 말이었다. 내가 힘을 잃고 축 처져 있을 때마다 몇 번이고 다시 말해 줘서 혼이 빠져 있다가도 번뜩 정신을 차리곤 했다. 만약 C회장이 없었다면 난 어떻게 그 슬픔을 견뎌냈을까, 아찔하다.

C회장은 장례식에서부터 훗날 생활적인 부분 하나 하나까지 상세하게 조언을 해줬다. 스스로가 겪고, 이겨낸 경험에서 우러나온 조언이었기에 내게는 세상 어디를 가도 들을 수 없는 값진

"힘들겠지만 여기서 멈추면 안 돼.
힘을 내. 넌 할 수 있어."

것이었다. 바쁜 와중에도 언제나 날 가장 먼저 챙겨줘 남편을 잃고 갈팡질팡하던 날 땅에 발 붙일 수 있게 해주고 공허함까지 달래주곤 했으니, 당시의 난 C회장 하나 보면서 살았다고 해도 과언이 아니다.

 젊은 시절에 이것저것 작은 일들을 벌이면서 나름 수완 있다는 소리를 듣기는 했지만 나 하나 열심히 해서 직원들 몇 명 먹을 것 걱정 없이 해주는 것과는 차원이 다른 사업이었다. 당장 수백 명의 직원들이 혼란에 빠지지 않게 다독이는 것에서부터 남편이 벌여 놓은 일들을 수습해 나가야 했다.

 하지만 가정이라는 울타리를 벗어나 거친 사회로의 진출은 생각보다 만만치 않았다. 한 번 손을 대면 제대로 해야 했다. 그저 임시방편으로 추스르는 정도가 아니라 남편처럼, 아니 그 이상으로 해내야 했다. 일단 남자들만 가득한 회사에서 내가 어떻게 중심을 잡아야 하는 것인지부터가 막막했다. 하지만 같은 여자로서 C회장은 나의 입장을 누구보다 잘 이해하고, 그에 맞는 조언들을 해주었다.

 흔히 사회에 나가면 친구도 적이 되니 조심하라고들 한다. 하

지만 우린 이해타산을 따지지 않는 친구관계로 오랜 세월을 함께 해왔다. 나이가 들수록 친구다운 친구를 만나기란 여간 힘든 일이 아니어서 C회장과 같은 어릴 적 친구는 세상 그 무엇보다 소중하다.

비단 C회장뿐만 아니라 토요일마다 만나는 친구들, 그리고 한 달에 한 번 봉사를 같이 하는 친구들, 그 외에도 어릴 때 같이 놀던 친구들은 자주 못 봐도 고향을 느끼게 하는 친구이다. 친구들과 함께할 때면 어둡거나 음울한 기분으로 뒤덮여 있다가도 금세 환해지곤 한다. 게다가 세월이 주는 힘을 무시하지 못해서 서로의 상태를 귀신같이 알아맞히기 때문에 아무 말 하지 않아도 아는, 흔한 말로 눈빛만 봐도 아는 그런 사이가 되었다. 게다가 다들 겪어 온 시간의 굴곡이 다르고 경험해 온 순간들이 다른 까닭에 나는 지금도 내 친구들에게서 인생을 배운다.

친구들은 내가 마음 놓고 푹 쉴 수 있는 은신처일 뿐 아니라 제일 가까이에서 날 가르쳐주는 선생님이기도 하다. 누군가 내게 내 인생에서 가장 자랑할 수 있는 것이 무엇이냐고 묻는다면 난 주저하지 않고 친구들이라고 대답할 것이다.

자식은 낳아서 잘 키워도 내 것이 아니다. 재산도 모았다가 써버리면 그만이다. 하지만 친구는 남는다. 가장 든든한 곳에, 가장 가까운 곳에 말이다.

  아마 나는, 이 친구들이 없었다면 일을 할 엄두를 내지 못했을 것이다.
  아마 나는, 이 친구들이 아니었다면 지금보다 훨씬 못난 내가 되어 있을 것이다.
  아마 나는, 이 친구들을 만나지 못했더라면 많이 외롭고, 많이 쓸쓸하고, 많이 부족한 사람이 되었을 것이다.

  그래서 난 그들과의 시간이 정말 소중하고 평생 고맙다.
  오늘은 오랜만에 편지를 써야겠다. 소중한 친구들에게.

청명 **清明**

맑은 하늘 아래 하이얀 구름들
그 사이로 고개를 내미는 일곱빛깔 무지개

사랑 그 가볍고도
무거운 감정이란

봄에서 여름으로 넘어가기 전, 부지런히 농사를 준비해서 씨앗을 뿌려야 한다. 요즘에야 종자들이 좋아서 굳이 그럴 필요가 없다지만, 옛날에는 좋은 씨앗을 골라내어 심어야만 좀 더 많이 수확할 수 있었던 까닭에 씨앗 고르기가 참 중요했다.

씨앗 고르기는 간단하다. 흠 없이 묵직한 것. 그래서 물에 넣었을 때 쭉정이처럼 둥둥 뜨는 것이 아니라 천천히 가라앉는 것을 고르면 된다. 물론 씨앗마다 속성이 다르기는 하겠지만 대체적으로는 그렇다.

그렇게 고른 씨앗을 정성껏 땅에 심고 나면 모든 것이 끝난다고 생각하지만 사실은 그때부터가 일이다. 햇볕을 잘 받게 해줘야 하고, 마르지 않게 물을 주고 너무 뜨거운 빛이 계속 될 때는 무언가로 가려 주기도 해야 한다. 주변에 잡풀이 자라면 뽑아 주어야 하고 비료도 줘야 한다. 그래야 애써 심은 씨앗을 잘 키워 열매를 얻을 수 있다.

 어찌 보면 이 모든 것이 꼭 사랑의 과정을 닮아 있다.
 좋은 씨앗은 곧 사랑이라는 감정 그 자체다. 흠 없이 묵직한 것. 그래서 물에 넣었을 때 쭉정이처럼 둥둥 뜨는 것이 아니라 천천히 가라앉는 확실한 무게감이 있어야 한다.
 그렇게 고른 사랑이라는 씨앗을 정성껏 상대방의 가슴에 심어 주면 끝난다고 생각할 수도 있지만, 사랑도 씨앗과 마찬가지로 그때부터가 일이다. 사랑을 이어가기 위해선 햇볕 같은 서로의 관심이 지속적으로 필요하고, 반복되는 일상에 사랑이 말라 버리지 않도록 물도 줘야 하며, 거친 풍파 속에 사랑이 채 꺾이지 않도록 서로를 잘 잡아줘야 한다. 잡풀 같은 유혹에 넘어가 사랑을 놓쳐버리는 일이 없도록 유혹도 뿌리칠줄 알아야 할 것이다.

남편을 만난 것은 대학교 1학년 때였다. 당시 우리 집은 돌아가신 아버지 대신 어머니가 '성정학원'이라는 학교 재단을 운영하며 집안 살림을 꾸려가고 있었다. 이 학교 재단에서 학교의 증축을 위한 자금을 마련하기 위해 파티를 열었는데 아무래도 어머니가 주최한 연회이기도 했고 나도 뭔가 도움을 드리고 싶은 마음에 친구들을 모아 연회에서 전통 무용을 선보였다.

그리고 그 날 연회에서 통역 겸 사령관의 부관으로 참석했던 남편을 처음 만났다. 아니, 서로 만났다기보다는 남편의 눈에 내가 먼저 들어왔다는 말이 맞겠다.

솔직히 말하면 그때 나는 남편이 안중에도 없었다. 그도 그럴 것이 한창 자유롭게 공부하고 놀고 연애를 꿈꾸던 대학교 1학년 여학생이었으니 군인 아저씨가 눈에 들어 올 리가 없었다. 그래서 남편이 사랑에 빠진 타이밍과 내가 사랑을 인정한 타이밍은 꼬박 일 년이 차이가 났다.

그 일 년 동안 남편은 갖은 노력과 주변 포섭 작전을 참 꾸준히, 열심히 벌였다. 일찍 누군가에게 얽매이는 것이 싫어서 이리 저리 도망 다니는 나를 잡기 위해서 남편은 우선 우리 가족부터 자기편으로 만들기 시작했다. 그의 첫 번째 작전은 매일

집으로 찾아와 어른들께 인사하기였다.

"안녕하십니까!"

우렁찬 목소리로 인사를 하며 대문을 열고 들어와 집안 어른들에게 하나하나 큰 소리로 안부를 묻는 날이 하루 이틀 쌓여 갔다. 나중에는 그 인사가 고스란히 별명처럼 되어 버려, 가족들은 그가 올 때면 '안녕하십니까'가 왔다며 웃곤 했다. 그러다 그가 오지 않으면 집안 식구들은 허전해 하기 시작했다. 슬금슬금 우리 가족들에게 익숙함으로 다가오는 작전이었던 것이다.

두 번째는 내 동생들과 할머니, 어머니에게 자신이 할 수 있는 한 최대의 성의를 보이며 선물 공세를 펼쳤다. 처음에는 여자가 좀 튕기는 맛이 있어야 한다며 내 편을 들어 주던 가족들이 점점 그런 사람도 없다며 남편의 역성을 들기 시작한 것이 아마 그 즈음이었던 것 같다.

꾸준함에 장사 없고 진심은 통한다고 했던가. 그의 성실함과 진심 어린 행동에 조금씩 마음을 열어야 하나 말아야 하나 고민할 즈음, 결정적인 그의 세 번째 작전이 시작되었다. 어머니와 남편의 은사였던 분을 통하여 정식으로 결혼신청을 한 것이다.

　외할머니는 남편을 적극 밀어주셨다. 어머니가 시집살이를 하면서 너무 고생하는 것을 보셨기 때문이었다. 그리고 외할머니가 남편을 좋아한 이유는 세 가지가 더 있었는데, 첫 번째는 이북사람이라는 것, 두 번째는 막내아들인 점, 세 번째로는 형님이 문인이라는 점 때문이었다.

　요즘에는 연애를 먼저 하고 그 다음에 각자 집안에 알리는 것이 자연스럽지만 몇 십 년 전만해도 결혼은 곧 전혀 다른 두 가정이 만나서 가족이 되어가는 과정이었기 때문에 청혼이라던가 교제 신청을 지금보다는 꽤 진중하게 진행했다. 나 역시 정식으로 집안 대 집안의 교제 신청을 받은 후에야 남편과 데이트를 시작했다. 물론 그 시대에도 자유롭게 연애하고 요즘 세대만큼이나 솔직하게 사랑을 하는 사람들도 많았다. 다만 지금처럼 그런 감정 표현이 보편화 되지 않았을 뿐 시대가 달라져도 남자는 여전히 남자이고, 여자는 여자이고, 사랑 역시 사랑일 뿐인데 다를 게 무엇이 있을까.

　그럼에도 불구하고 내가 남편을 일 년 넘게 피해 다녔던 건,

내가 그토록 아꼈던 사랑이라는 감정과 미래에 신중하고 싶어서였다. 다른 거 없었다. 가볍게 시작해서 훅 날아가버리는 사랑이 아니라 차곡차곡 쌓여서 견고하게 자리 잡는 사랑이 하고 싶었을 뿐이다. 오랜 시간 내게 성의를 보여 주어 그 성의와 노력에 감동해서 결혼했고, 결혼 한 후에는 최선을 다해 존경했고, 아이들의 아버지가 된 후에는 가장으로서 세워주기 위해 존중했던 것. 그게 남편에 대한 나의 태도였고 내가 표현할 수 있는 사랑이었다. 드라마에서 나올 법한 심장이 터질 것 같은 두근거림이나 안 보면 죽을 것 같은 간절함에 훨훨 타오른 불길보다는 뭉근하게 오랜 시간 달궈지고 온기가 남은 숯불 같은 그런 사랑이라고나 할까.

    자기가 사랑하는 사람에게 마음껏 사랑한다고 표현 하고 솔직하게 얘기하는 것이 나쁘다는 것은 아니다. 다만 요즘 젊은 친구들이 툭툭 내뱉는 '사랑한다'는 말의 무게감은 어쩐지 내뱉는 순간 두둥실 떠나갈 듯 가볍게 느껴진다. 좀 더 자신을 소중히 여기고, 나아가 가슴 속의 사랑을 더 숙성시켜 어렵게, 아주 어렵게 그것을 내보인다면 어떨까. 그 숙성된 어려움만큼 사랑의 무게감도 더할 수 있진 않을까.

　어떤 사랑이 가볍다 무겁다 함부로 판단할 수는 없다. 하지만 사랑한다는 말이 남발되는 듯한 느낌을 받을 때면 일 년 동안 거의 매일 우리 집 대문을 열고 인사를 하며 나와 눈 한 번 맞춰 보려 애쓰던 남편의 모습이 떠오른다.

穀雨 곡우

농사를 도와주기 위해 내리는 봄비
제발 땅이 마르지 않기를 간절히 기도하는 농민들

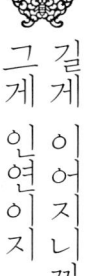

길게 이어지니까
그게 인연이지

불교에서는 인연을 이렇게 말한다고 한다.

'물방울이 떨어지고 떨어져 바위를 뚫는 시간을 '겁'이라고 하는데, 억겁의 세월이 흐르고 나서야 만날 수 있는 게 인연이다.'

내가 시집을 가기 전, 스물 두세 살 되던 해의 일이었다. 농삿비가 부슬 부슬 오던 날이었는데, 공기는 약간 무거웠고 구름이 많이 끼지 않아 비가 내림에도 불구하고 날은 밝았다.

우물가에서 일하는 사람 몇몇만이 삼삼오오 모여 처마 아래에서 채소를 다듬고 있었는데 그 광경이 꼭 그림을 보는 것 같았다. 두 손으로 네모난 모양을 만들어서 액자처럼 그 장면들을 하나하나 눈에 담고 있던 그때, 천천히 대문이 열리면서 방물장수 할머니가 슬그머니 들어왔다. 한 손에는 큰 보따리를, 다른 한 손에는 열 살 남짓 되어 보이는 여자 아이의 손을 쥐고 있었다. 할머니의 손을 꼭 잡고 있던 아이는 몸이 어딘가 불편해 보였다.

  방물장수 할머니는 어머니와 이야기를 나누었다. 긴 이야기 끝에 방물장수 할머니는 몇 번이고 고개를 숙이며 어머니에게 인사를 하더니, 아이의 손을 잡고 몇 마디 말을 건네고선 홀로 대문을 나섰다. 덩그러니 남겨진 아이는 약간은 겁에 질린 눈빛이었지만 어머니가 가서 토닥여주자 금세 경계를 풀고 어머니의 손을 잡았다. 어머니는 아이의 손을 붙들고 우물가 옆 목욕탕으로 데리고 들어가셨다. 호기심과 궁금증에 목욕탕 앞에서 서성이고 있는데 어머니가 나를 부르셨다. 냉큼 목욕탕 안으로 들어갔더니 꽤 통통한 여자 아이가 수줍게 서 있었다. 입은 옷도 회색이 아니라 하얀색이라는 걸 그제야 알 수 있었을 정도로 꼬질꼬질 했던 모습을 벗고 낯선 곳에서 그 아이는 땅만 내려다보며 발가락 끝으로 괜히 바닥만 긁고 있었다.

  그 아이는 우리와 함께 살기 시작했다. 같이 지낸 지는 얼마

안 되었지만, 우린 친가족처럼 잘해주고 아껴주었다. 지병이 있어 매달 약값으로 많은 비용이 들어갔지만 별로 개의치 않았다. 가족이 아픈데 누가 약값을 아끼랴.

그 아이는 내가 결혼을 한 후에도 나와 함께 살게 되었다. 내 살림을 도와주면서 자매처럼, 조카처럼, 자식처럼 그렇게 살다가 시집갈 나이가 되자 발품을 팔아 성실하고 착한 남자를 구해 시집을 보내주었다. 천안으로 시집을 보내면서 마치 내 딸을 시집보내듯 소달구지 한 가득 살림을 마련해보냈다. 연신 나의 손을 잡으며 고맙다고 했던 기억이 난다. 그리고 소와 돼지들을 사서 함께 보내 생활이 보탬이 되도록 도와주기도 했다.

하루는 결혼생활을 잘 하고 있는지 궁금하여 천안으로 내려가 보았다. 오랜만에 그 아이를 볼 생각에 마음이 무척 들떠 있었는데 막상 그 아이를 본 순간, 그만 눈물을 흘리고 말았다. 그 아이는 힘들게 리어카를 끌고, 남편은 뒤에서 담배를 피며 편하게 걸어가고 있는 것이었다. 반갑게 얼굴도 보고 함께 식사도 할 생각이었지만 그 아이의 모습에 차마 더 이상 다가가지 못했다. 멀찍이 떨어져 힘들게 리어카를 끄는 모습을 그저 지켜볼 수밖에 없었다. 눈물을 훔치며.

시간이 조금 흐른 후, 아이의 남편은 간암으로 생을 마감했다. 소식을 들은 나는 곧바로 아이를 다시 우리 집으로 불러 함께 살았다. 아이의 힘들었던 결혼생활을 생각하면 할수록 가슴이 미어져 더 잘해주고만 싶었다.

생각해보면, 근 60년간 그 아이와 인연을 맺어 온 셈이다. 아주 사소하게, 우연처럼 시작된 인연이었지만 머리가 희끗희끗해진 지금도 그 끈을 놓지 않고 이어가고 있다. 인연의 끈이 굵든, 얇든, 어떻게 생겼든 내 인연의 끈은 하나하나가 모두 소중하다.

한 공간에서 숨 쉬고, 한 밥상에서 밥 먹고, 같은 시간을 공유하며 이야기 나누고 마음을 나눈 그 인연이 어찌 사소할 수 있을까. 이렇게 인연에 감사하고 한 번 맺은 인연을 길게 가지고 가려는 노력을 하다 보면 만남 자체도 신중해지고 소중해진다.

모든 것이 빠르게 변해만 가는 이 시대에 길고 질긴 인연을 이야기하는 것은 어쩌면 맛도 없는 질긴 고기를 씹는 것과 다를 바 없는 투정일지도 모른다. 그럼에도 난 길게 이어지는, 그래서 두고두고 반추하며 기억할 수 있는 그 인연의 힘이 그립고, 그 아름다움을 믿는다.

물방울들이 떨어지고 떨어져
바위를 뚫는 시간을 '겁'이라고 한다.
억겁의 세월이 흐르고 나서야
만날 수 있는 게 인연이다.

여름

뜨겁다.
턱까지 차오르는 꿈
눈 부셔 찡그릴지언정 지치지 않고
와락 내린 비에 한 숨 돌리며.
열정적으로 타오르는
젊음 같은 여름.

立夏 입하

신록을 재촉하는 여름의 문턱
청개구리가 울어대고 무성히 자라나는 천지만물

대가족이어서
배울 수 있었던 것

어릴 적, 집에는 늘 사람들로 북적거렸다.

 부모님은 물론이고 인쇄소와 출판사에서 일하는 어른들, 할머니, 할아버지와 증조할머니, 그리고 지금은 세세히 기억도 나지 않는 친척 어르신들까지 온 집안이 어른으로 가득 차 있었다. 때문에 언제나 예의에 어긋나지 않게 조심해서 행동해야 했다. 불편하고 갑갑한 면이 없지 않았지만 맏딸, 맏손녀인 나를 참 많이 예뻐해주셨기에 어른들이 많다는 것은 그 만큼 어리광을 부리고 귀여움을 받을 대상이 많다는 것이기도 했다.

 특히 할아버지는 늘 그림처럼 대청마루에 앉아 나를 손짓해 불러 무릎에 앉혀 놓고 이런 저런 얘기를 해주는 걸 좋아하셨다. 박문서관을 세우기 전부터 야시장에서 고대 소설을 파는 일을 하셨던 할아버지에게는 늘 이야깃거리가 많았고 나는 할아버지 무릎을 의자 삼아 앉아서 할아버지의 소설 낭독회의 유일한 청자가 되곤 했다.

그래서였을까. 할아버지가 돌아가셨을 때 나는 죽음이라는 것에 대한 구체적인 의미보다는 그저 할아버지를 다시 볼 수 없다는 것, 사람들이 할아버지를 관에 넣고 못을 박아버린다는 것이 더 서럽고 슬펐다. 어린 마음에 '저렇게 못을 박아버리면 우리 할아버지, 답답하실 텐데 왜 저렇게 할까' 하며 속상해했던 기억이 있다.

누가 그랬던가. 기쁜 일은 띄엄띄엄 오고 슬픈 일은 꼬리를 물고 온다고. 어쩌면 슬픔이라는 것, 불행이라는 것은 꼬리가 길어서 그 흔적을 길게 남기는 까닭에 꼬리를 물고 오는 것처럼 생각되는 것일 수도 있지만 할아버지가 돌아가신 흔적을 지우기도 전에 집안의 불행은 시작되었다.

할아버지가 돌아가시고 얼마 지나지 않아 고모가 앓아 누우셨다. 시름시름 앓다가 고모마저 돌아가시고 남편과 자식을 연달아서 잃은 할머니 역시 열병을 얻어 돌아가시고 말았다. 할머니 몸에 핀 열꽃을 입으로 빨아 고름을 빼낼 정도로 성심 성의껏 간호를 했던 아버지는 깊은 슬픔에 빠지셨고, 연 이은 초상 끝에 증조할머니마저 돌아가시고 말았다.

집 안의 어르신들이 차례대로 돌아가시는 바람에 쉴 새 없이 병수발에 장례 뒷바라지를 이어하시던 어머니마저 쓰러지셔서 9개월 된 아이를 유산하면서 집 안은 우울하고 슬픈 분위기가 가득 감돌았다. 하지만 어머니는 당신 몸을 돌볼 생각조차 하지 않으셨다. 유산한 몸으로 집 안에 상청을 마련하고 아침저녁으로 음식을 차려서 올리셨다.

집 안의 어르신 세 분을 모신 상청은 각각 대청마루, 사랑채 마루, 아래채에 마련했다. 대청마루의 상청은 할아버지, 사랑채 마루는 할머니, 아래채에는 증조할머니의 상청이 있었는데 푸른 비단으로 한 칸 정도의 방을 만들어놓은 것이다.

상청 안에는 다리가 긴 상과 의자, 그리고 위패와 향 그릇, 촛대 같은 것이 놓여 있었다. 할아버지의 상청에는 할아버지가 생전에 입으셨던 한복과 모자, 구두를, 두 할머니의 상청에는 고

무신을 놓았다. 이렇게 물품들을 놓아 둔 상청의 비단이 걷히고, 안이 드러나는 것은 아침저녁, 어머니가 밥과 국, 반찬을 차려서 상식을 올려드릴 때뿐이었다.

어머니는 자그마치 삼 년을 하루도 빼놓지 않고 이 상청에 상식을 올리는 일을 하셨다. 더운 날, 추운 날, 비 오는 날, 눈 오는 날을 가리지 않고 하루 두 번 무거운 밥상을 들고 세 곳의 상청을 왔다 갔다 하시곤 했다. 몸이 아파도 그 일만은 손수 하셨고 삼 년이 지난 후 상청의 푸른 비단을 걷어 어려운 사람들에게 옷을 해 입으라고 내어 주시는 것까지 모두 직접 하셨다.

그리고 그런 어머니의 모습은 내게 하나의 정갈한 지표 같은 느낌으로 남아 있다.

사실 집 안에서 어머니에게 상청을 꾸려 상식을 꼭 올려야 한다고 강요한 사람은 없었을 것이다. 어른 셋이 한꺼번에 돌아가시고 어머니와 아버지가 집안의 제일 큰 어른이 되셨으니 하지 않겠다 하면 그것을 나무랄 사람은 없었던 것이다. 그렇다면 소상과 대상, 삼 년에 걸친 상청 모시기는 순전히 어머니의 의지였을 텐데, 어머니는 대체 어떤 생각과 마음으로 묵묵히 그 일

을 하셨던 걸까.

아마 어머니에게 하루 두 번의 그 절차는 젊은 며느리가 스스로에게 부여한 쐐기였을지도 모르겠다. 어른이 안 계신 집 안에서 돌아가신 조상들을 모시는 모습을 몸소 보여주시면서 공경과 효도의 본질을 알려주려 하신 것은 아닐까. 아니, 굳이 대대손손 이 모습을 이어야겠다는 거창한 뜻을 세우신 게 아닐 수도 있다. 어쩌면 길다면 길고 짧다면 짧은 세월, 한 집에서 부대끼고 때로는 혼나고 서운하고 가끔은 행복하게 아껴주셨던 어른들에 대한 어머니의 성의일 수도 있다.

분명한 것은 어머니가 어떤 마음과 어떤 뜻으로 하셨던지 간에 내 마음 속에 남아 있는 잔상은 한 집안의 어른을 살아서도, 죽어서도 변치 않는 마음으로 생각하고 섬겼던 정성스런 모습이다. 이제껏 그때의 어머니 같은 정성을 어디에서도 다시 본 적이 없다. 그리고 그런 어머니의 모습에서 나는 한 번도 강요당하지 않았던 예절과 가족 공동체 의식을 체험하고 배울 수 있었다.

요즘처럼 분초를 나눠 가며 살아야 하는 세상 속에선 아침저녁으로 산 사람도 아닌 죽은 사람에게 밥을 차려 준다는 건 시간 낭비, 음식 낭비, 돈 낭비일 수도 있다.

  하지만 때로는 이러한 낭비도 필요하지 않을까. 세상 일이 그렇게 자로 잰 듯, 칼로 벤 듯 딱 부러지게 되고 안 되고, 괜찮고 아니고를 가를 수 있는 것이 아니다. 더군다나 산 사람도 아닌 죽은 사람에게 어떻게 그토록 똑 부러질 수 있을까. 산 사람이라면 너무 많은 것을 줬을 땐 손사래를 쳐서라도 그만하라고 말할 수 있을 테고, 너무 적게 줬을 땐 좀 더 달라고 손짓을 할 수도 있을 것이다. 하지만 죽은 사람은 아무런 말도 행동도 할 수 없다. 그렇다면 그저 묵묵히 고인을 위해 최선을 다하는 수밖에 도리가 없다. 그것도 어르신들이라면, 더욱 최선을 다해야 하지 않을까. 그것이 바로 정성이다.

  정성에는 낭비가 없다.

  정성껏 간호하면 죽어가는 사람도 살려낼 수 있고, 정성껏 공부하면 어느 시험에라도 합격할 수 있고, 정성껏 노래하면 누구든 울릴 수 있고, 정성껏 글을 쓰면 누구라도 공감할 것이다. 세상 유일하게 낭비를 해도 되는 것이 있다면, 바로 정성일 것이다. 때로는 그저 마음을 기울이는 것만으로도 충분한 것들이 있다. 요즘 들어서 그 마음이 무척 고프다.

정성에는 낭비가 없다.
세상 유일하게 낭비를 해도 되는 것이 있다면,
바로 정성일 것이다.
때로는 그저 마음을 기울이는 것만으로도
충분한 것들이 있다.

小滿 소만

냉잇국을 시원하게 들이켜고 일터로 나가는 사람들
만물이 점차 생장하여 온통 푸른빛으로 가득한 들판

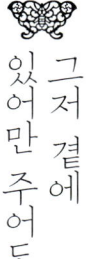

그저 곁에
있어만 주어도

언젠가 허브 화분을 하나 선물 받은 적이 있다. 손으로 허브를 가만히 쓸어 올려주면 알싸한 향기가 서서히 퍼져 기분까지 상쾌해지는 듯했다. 곁에 두고 생각이 날 때마다 물이나 주면 되겠지 싶어 키우기 시작했는데 이 작은 녀석이 생각 외로 여간 손이 가는 게 아니었다. 물을 조금만 많이 줘도 화분 윗부분의 흙이 둥둥 떠다니며 넘쳐버리고, 적게 주는 날이면 흙이 마르면서 잎도 축 쳐져 버렸다. 게다가 햇빛에 오래 내놓으면 잎 끝이 말라버리고, 그늘에 두면 시들시들 하게 말라버리는 바람에 몇 번씩이나 창가에 내놓았다가, 실내로 들였다가, 바람도 맞게 했다가 하면서 시중 아닌 시중을 들었다.

 그렇게 정성을 쏟은 지 한 달 좀 넘게 지났을까. 화분 아래로 하얀 뿌리가 숭숭 뻗어 나오기 시작했다. 주변 사람들의 조언을 참고해서 조금 더 큰 화분으로 분갈이를 해주었다. 이제 마음껏 뿌리를 뻗으며 잘 자라겠거니 했는데 그 전에는 볼 수 없었던 잡풀들이 자꾸 올라오기 시작했다. 분갈이를 할 때 썼던 흙에 문제가 있었나보다. 뽑아도, 뽑아도 계속 자라는 잡풀들을 꾸준히 관리해서 겨우 정리해 놓았더니 이번에는 허브향에 꼬여 든 진드기가 문제였다. 담배 진을 담근 물을 뿌려보기도 하고, 샤워기로 물을 흘려보내기도 하면서 진드기를 없애는 데 한동안 공을 들였다.

 처음에 작은 화분쯤이야 쉽게 키울 수 있을 거라고 섣부르게 덤빈 것이 문제였다. 점점 신경 쓸 것이 많아지고 보살펴야 할 것들이 늘어나면서 허브를 키운다는 것이 조금씩 부담으로 다가오던 중, 집에 놀러 온 지인이 탐을 내기에 옳다구나! 하며 선심 쓰듯 안겨 보내고 말았다.

 무언가를 키운다는 것, 정성을 쏟고, 온 신경을 기울여 돌본

다는 것은 무척 큰 에너지를 필요로 하는 일이다. 애완동물이며 화분 하나 키우는 것도 여간 애착을 가지지 않는 다음에야 잘 키워내기가 어려운데, 자녀를 낳아 키운다는 것은 더더욱 매일매일이 조바심이고 모험이다.

　한 가지에서 나도 아롱이다롱이라고 했다. 나 역시 삼남매를 낳아서 키웠지만 세 아이가 어쩌면 그렇게도 다 다른지 첫째는 첫째라서 힘들고, 둘째는 첫째를 키울 때 터득했던 나름의 노하우가 똑같이는 적용되지 않아 애를 먹었다. 셋째는 또 셋째라서 쉽지 않은 부분이 있었다.

　나는 상당히 많은 부분을 아이들의 자율에 맡기는 엄마였다. 어차피 하지 않을 공부면 내가 닦달한다고 해서 진심을 다해 할 것도 아닐 테고 내가 낳고 키울지라도 각각 개성을 가진 인격체인지라 분명 내 맘대로 안 될 것이 뻔했기 때문이다. 다만 내가 아이들을 키울 때 반드시 지키려 했던 원칙이 있었다. 아이들이 집에 올 시간에는 반드시 집에 있을 것, 그리고 아이들이 공부를 할 때는 한 방에서 나도 같이 공부를 하는 것이었다.

　집에 엄마가 있다는 사실이 아이들에게는 편안함 혹은 안정

감을 주었을 수도 있고 때로는 살짝 어디론가 새고 싶은 마음을 억눌러야 하는 갑갑함이었을 수도 있지만 아이들이 취업해 사회로 나갈 때까지 내 원칙은 확고했다.

그렇다고 해서 아이들의 행동을 하나하나 지적하고 통제했던 것은 아니었다. 그냥 시간 맞춰 집에 있었을 뿐이다. 아이들로 하여금 '지금 엄마가 집에 있겠구나, 어서 가야겠다'라는 마음과 생각이 스스로 깃들 수 있게 유도했다고나 할까. 덕분인지 까닭인지 어쨌든 우리 아이들은 하고 후에 곧장 집으로 오곤 했다. 혹여 친구들과 약속이 생겨도 일단 집에 와서 행선지를 밝히고 나가곤 했으니 핸드폰도 없던 시대에 아이들의 행방을 나만큼 잘 알고 있었던 엄마도 없었을 것이다. 아이들이 공부할 때 한 방에서 나도 같이 공부를 했던 것도 같은 이유였다. 물론 요즘에는 맞벌이 부부가 많아 현실적으로 힘들다는 것은 안다.

그렇게 세 아이를 키우면서 느꼈던 것은 부모, 특히 엄마가 바른 가치관을 가지고 일관된 태도로 아이를 대하는 것이 참 중요하다는 것이었다.

자식은 분명 내 마음대로 되지 않는다. 그렇다고 화분처럼 덥

지금에서야 알 수 있는 것들

석 남에게 넘길 수 있는 것도 아니다. 죽는 날까지 손에서도 가슴에서도 놓지 못하는 존재다. 그렇다고 해서 자식을 가슴 한 구석에 끈으로 꽉 매어 놓으면 서로 불행해진다. 어미는 그저, 마음 한 구석에 말뚝을 박아 놓고 물 한 그릇 떠 놓고 굳건히 그 자리에 있어주면 된다. 맘껏 자기 세상에서 뛰어 놀다가 오면 물도 마시고 쉬어 가기도 하고 때로는 말뚝에 묶어 놓고 혼도 좀 낼 수 있는 그런 엄마 말이다. 다 큰 자식 뒤꽁무니 쫓아다니며 갈기 잡으랴, 꼬리 잡으랴 동분서주 해봐야 자식은 도망가고 부모는 지치기만 할 뿐이다.

그저 한결 같은 마음으로 지켜봐주고 곁에 있어 주는 것. 그게 엄마다.

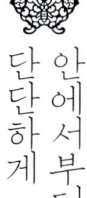

안에서부터 단단하게

芒種 망종
일 년 중 가장 바쁜 시간
풍성함을 위한 짙은 땀방울이 방울져 떨어지는 한때

엄마는 아침부터 밭에서 살고
아빠는 저녁까지 논에서 살고
아기는 저물도록 나가서 놀고
오뉴월 긴긴 해에 집이 비어서
더부살이 제비가 집을 봐주네.
_이문구 '오뉴월'

　따뜻한 봄바람은 어느덧 종적을 감추고 점점 뜨거워져만 간다. 일 년 중 가장 바쁜 시기. 모두 하루 종일 논밭에 나가 더부살이 제비가 집을 봐주는 시기다. 밭 일 나간 엄마와 논 일 나간 아빠, 놀러 나간 아기 대신 제비가 집을 봐주는 것은 차라리 나은 일이지도 모른다. 어릴 적, 전쟁의 기운이 종로를 휘감고 있던 그 여름은 제비조차도 봐주지 못한 빈 집이 참 많았다. 피난을 떠나거나 징용을 나가서 아무도 없는 집은 주인의 손이 닿지 않고 사람의 기운이 서리지 않으면 금새 흉가처럼, 폐가처럼 스러지곤 했다. 그리고 그런 빈 집은 어쩐지 놀기에도 을씨년스러워서 아이들도 빙 둘러지나가며 피해 다니곤 했다.

그 시절 여름은 무척이나 더웠다. 실제로 폭격이 떨어지진 않았지만 마치 폭격의 화마가 우릴 감싸고 있는 듯 너무나 더운 여름이었다. 하늘 낮게, 마치 손을 뻗으면 닿을 것만 같이 머리 바로 위로 날아가는 비행기들도 쉽게 볼 수 있었다. 그럴 때마다 경계 공보 사이렌이 울렸고, 그럼 우린 학교에 있다가도 재빨리 대피를 하곤 했다. 인쇄소에 있을 땐 인쇄 기계 밑으로 들어가 비행기 소리가 들리지 않을 때까지 꼼짝 않고 있었고, 혹시라도 폭격의 파편이 튈까봐 솜이 듬뿍 든 모자를 어깨까지 푹 눌러쓰고 다녔다.

한 번은 동네 아주머니가 뛰어 와서는 하늘에서 폭탄이 떨어진다며 대피해야 한다고 고래고래 소리쳤는데, 알고 보니 미군이 쓰다 남은 기름통을 버리는 것이었다. 기름통을 그렇게 버린 것도 심각한 상황이기는 했지만 폭탄인 줄 알았다가 빈 통이라는 사실만으로도 안도하며 웃었다.

이처럼 전쟁의 기운이 곳곳에 도사리고 있던 때였다. 하지만 당시의 나는 전쟁의 위험을 뼈저리게 실감하기엔 너무 어린 나이였다. 그저 어른들이 시키는 대로, 마을 사람들이 하는 대로 따라하면서 본능적으로 스스로의 몸을 지켜야 한다는 것만 체득했을 뿐이었다.

전쟁은 그런 것이었다. 늘 오싹한 기운이 주변을 감싸고 있고 긴장을 하게끔 하는 것. 컴퓨터 화면에서 총을 쏴 캐릭터를 죽이는 것이 아니라 어제까지만 해도 친했던 옆집 오빠가 싸늘한 시체가 되어 돌아오는 것. 그게 전쟁이다. 하물며 스스로를 지킬 힘이 전혀 없던 아이들마저도 스스로를 지켜야만 했던 그때, 전쟁에 불려나간 종로의 아들들은 어땠을까.

사실, 전쟁은 요즘에도 있다. 취업난이라며 대기업이나 일류 대학에 들어가기 위해, 소위 스펙이라고 하는 것에 목숨을 거는 아이들을 보면 나 어릴 적 전쟁 시절보다 오히려 더 치열하다는 느낌을 받는다. 보이지는 않지만 서로 밟고 올라서기 위해 수단과 방법을 가리지 않는 것처럼 보일 때도 있다.

옛날의 전쟁이나 요즘의 전쟁이나, 목숨을 걸고 매달리긴 매한가지다. 그런 생각이 들면 마음이 저릿해져 온다. 이젠 좀 더 편하게 살아도 좋을 텐데, 한껏 꿈을 품을 나이인데, 조금만 더 넓게 보고 조금만 더 깊게 생각하면 꽤 살 만한 세상인데 왜 그렇게 쉽게 포기해버리는 걸까라는 안타까움이 가득하다.

물론 죽을 만큼 힘든 상황이 없는 것은 아니다. 그리고 그런 상황은 겪어 본 사람만이 얼마나 힘들고 얼마나 숨이 막히는 것인지 알 수 있다. 하지만 나약함을 이기고 조금만 시선을 달리해 본다면 분명 다른 길이 보이는 것도 맞는 말이다. 나약함은 어느 시대에서든 사람을 죽음으로 모는 가장 근본적인 이유 중 하나이다.

꽤 오래 전, 손자 손녀들의 학예회에 간 적이 있다. 나름 곱게

꾸미고 열심히 외웠던 대사도 하며 고사리 손으로 애써 공연을 하는 게 어찌나 예뻤는지 모른다. 그런데 그 아이들이 공연을 마치고 내려가는 순간, 나도 모르게 탄식을 하고 말았다. 고개만 까딱 던지듯 인사를 하고선 제 멋대로 무대를 뛰어 내려가는데, 아이들의 부모 중 누구도 그걸 바로 잡는 사람이 없었던 것이다.

　아이들은 당연히 그럴 수 있다. 아직 부끄럼이 많은 어린아이들이니까, 오히려 그러는 게 당연하다. 하지만 부모들은 그걸 무작정 감싸 안아주기보단 바로 잡아줘야 한다.

　요즘 주위 학부모들을 보고 있으면, 비단 학예회에서 뿐만이 아니라 일상의 모든 부분에서 아이들을 감싸주기만 하고 있다. 그렇게 자라난 아이들은 스스로 두 발을 딛고 서기 힘들다. 부모란 존재는 언젠간 자식에게서 떠나가고, 결국 아이들은 홀로 이 거친 세상을 살아가야 한다.

　옛날 전장에 나갔던 아이들이, 그 아슬아슬한 상황에서 하루를, 한 달을, 일 년을 버틸 수 있었던 건 다른 게 아니다. 스스로를 포기하지 않고 끝까지 견뎌낸 악착같음, 그 뿐이다. 생각해보면, 고작 스무살 남짓한 그 아이들이 전장에서 무엇을 할 수 있었을까. 나이가 좀 더 들었다 해도 마찬가지다. 전장에 총을 들고 섰던 그들은 실제로 그곳에 서 있는 것 말고는 할 수 있는 게 없었다. 하지만 그저 서 있는 것만으로 충분했다. 스스로를 포기하지 않았던 힘, 오직 그것만으로 두 발을 딛고 똑바로 설 수 있었던 것이다.

 만약 그때에도 부모들이 자식들을 그저 감싸기만 했다면, 우리는 지금 이 땅에 발붙일 수 있었을까?
 옛날 전장에서 홀로 자기 자신을 지켜야만 했던 종로의 아이들이 떠오른다.

옛날 전장에서 홀로 자기 자신을 지켜야만 했던 종로의 아이들.
스스로를 포기하지 않았던 힘,
오직 그것만으로 두 발을 딛고 똑바로 설 수 있었다.

夏至 하지

연중 가장 길어지는 햇살. 저녁이 되어서도 길쭉한 그림자에 골목을 뛰어다니는 아이들

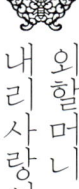

외할머니 내리사랑의 비밀

하루의 절반 이상을 환하게 비추던 여름 해가 뒤늦게 나타난 달의 원성에 못 이겨 아쉬움을 뒤로 하고선 우뚝 솟은 산 아래로 모습을 감춘다. 억지로 집에 가는 듯한 붉은 해가 마치 날이 어둑해져 더 놀고 싶은데도 마지못해 집에 가야만 하는 어린아이의 뒷모습과 닮아 있다.

   어릴 적 막내 동생의 뒷모습이 그랬다. 집안에 하나 밖에 없는 외아들. 바깥에서 뛰어 노는 걸 좋아하는 개구쟁이라 해가 뉘엿뉘엿 넘어가도 집에 좀처럼 들어오려 하지 않았다. 특히 여름엔 해가 길어져 막내 동생에겐 뛰놀기에 더할 나위 없이 좋은

때였다. 태어난 지 얼마 지나지 않아 아버지를 잃은 막내 동생에게 집안 어르신들이 쏟는 정성은 대단했다. 외할아버지는 동생의 돌잔치 때 무병장수하라는 바람을 담아 돌상에 놓는 천자문을 천 명의 글씨를 받아서 만들기까지 하셨다.

이렇게 온 집안의 귀한 아들 노릇을 했던 막내 동생은 특히 외할머니의 사랑을 독차지했다. 물론 우리 자매들도 귀여워하고 아껴주셨지만 동생에 비하면 아무것도 아닐 정도로 외할머니의 동생 사랑은 대단했다.

이를테면, 막내 동생이 초등학교를 다니는 내내 교실 뒷자리에서 지켜보셨고, 거의 보조 선생님처럼 수업과 청소 등 학교의 모든 일에 관여하기도 했다. 동생과 같은 반에 외삼촌의 아들인 친손자가 있었지만 그 아이보다도 막내 동생에게 더 극진한 사랑을 주셔서 친손자가 막내 동생에게 "애, 너희 할머니 오셨다"라고 할 정도였다.

외할머니는 막내 동생을 왜 그렇게 아끼셨을까. 거의 집착에 가까운 내리사랑을, 왜 막내 동생에게만 쏟아 부으셨는지 당시엔 전혀 이해를 하지 못했다. 외할머니가 막내 동생만 아끼는 것이 때론 못마땅하기도 하고, 불만스럽기도 했다. 그래서 우리 자매들이 작전을 짜서 막내 동생을 괴롭힌 적도 있다. 물론 나중에 외할머니에게 꾸중을 들었지만 그만큼 막내 동생에 대한 내리사랑이 서운했던 것이다.

하지만 내가 할머니가 된 지금에 와서야, 비로소 외할머니의 그 마음이 이해가 된다. 딸만 내리 네 명을 낳아 눈치 아닌 눈칫밥을 먹으며 누구보다 마음고생이 심했을 어머니 때문이었다.

딸 넷 끝에 아들을 낳아 겨우 면피할 수 있었던 어머니.
어머니가 계속 딸을 낳자 "그 뱃속에는 계집애만 있더냐!" 하고 호통을 치셨던 외할아버지와 아버지에게 아들 하나 바깥에서 낳아 오라고까지 하셨던 친할머니. 그 속에서 말 못하고 삼켜야만 했던 어머니의 가슴앓이를 외할머니는 일찌감치 눈치 채고 있었기에 막내 동생의 존재가 누구보다 기뻤던 것이다.

우리 자매들 역시 어머니의 귀한 자식이요, 외할머니의 귀한 손녀였지만 우리와는 또 다른 귀중함을 막내 동생이 이루어줬으니, 외할머니는 얼마나 흐뭇하셨을까. 외할머니에게 막내 동생은 금덩이보다 더 소중한 존재였을 것이다. 그리고 일찍 혼자

된 어머니가 집안에서 인정받으며 목소리를 내고 살 수 있었던 까닭이 대를 이을 아들을 낳았기 때문이라고 굳게 믿으셨을 테니, 외할머니에게 동생은 딸의 보험이자 기둥이었을 것이다.

    외할머니의 그 마음을 깨달은 후, 나의 손주들을 보고 있노라면 어느새 훌쩍 커버린 자식들의 얼굴이 보인다. 부족한 엄마 밑에서 훌륭하게 자라주어 고맙고, 이토록 어여쁜 손주들을 안겨줘서 또 고맙다는 생각이 든다. 손주들은 훗날 자신들의 부모에게 손주를 안겨줄 테고, 나의 자식들은 그제야 지금 나의 마음을 이해할 수 있을 게다. 외할머니가 어머니를 생각하며 막내 동생을 내리사랑했듯, 손주에 대한 사랑은 자식을 위하는 마음으로 내리사랑일 수밖에 없는 것일 테니.

    내리사랑이란 말 그대로 내리주는 사랑이다.
    바라는 것 없이, 무한정 내리주는 사랑.
    오늘따라 손주들 목소리가 무척 듣고 싶다. 전화해서 그 고운 목소리들, 들어봐야겠다.

여름

小暑 소서

어느새 찾아 온 작은 더위
조금이나마 그 더위를 식혀주는 장맛비

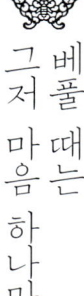

베풀 때는
그저 마음 하나만으로

지금도 눈을 감으면 1930년대 종로 한복판에 있었던 우리 집이 떠오른다. 집 대문을 들어서면 행랑채와 사랑채, 그리고 작은 방 두 개와 부엌이 있는 공간이 있었다. 방 옆에는 작은 광들이 있었고 사랑방에는 작은 마루도 딸려 있었다. 행랑채를 지나 중대문을 열고 들어가면 넓은 마당이 펼쳐졌다. 마당 오른쪽에는 목욕탕과 우물, 장독이 있었고, 왼쪽에는 찬방과 부엌, 안방이 자리 잡고 있었다. 중대문과 마주보는 곳, 마당 건너편에는 대청마루와 함께 건넌방이 있었는데 건넌방 옆으로는 뒤쪽 건물과 마당으로 통하는 좁은 길이 하나 있었다.

부엌에서는 늘 무언가가 지글 지글 끓고 있었다. 집에 거두어 먹일 식솔들이 많아서였는지 걸어 놓은 네 개의 가마솥에서는 늘 무언가가 익어가고 있었다. 부엌 뒤쪽으로는 옆문이 나 있었다. 그리고 옆문의 양 옆으로는 책이 가득 쌓여 있는 창고가 있었다. 지금처럼 컴퓨터로 재고 관리를 하지 못했던 시대여서 그랬는지 창고에는 늘 적잖은 재고 서적들이 있었고 겨울이 되면 가끔 그 책들을 불쏘시개로 쓰곤 했다.
  마당을 가로질러, 건넌방 옆에 나 있는 좁은 길로 들어가면 뒤쪽에 창고 겸 방과 작은 방, 그리고 뒷마당으로 통하는 길이 있었다. 뒷마당을 가로지르면 곧장 인쇄소 마당이 나왔는데 인쇄소 안은 늘 책을 찍어내느라 활판을 맞추고, 교정을 보고, 제본된 책을 실어 나르느라 분주하고 시끄러웠다.

  그 오빠는 인쇄소로 통하는 뒷마당 바로 앞의 방에서 살았다. 친척도 아니고 어디서 왔는지도 잘 생각나지 않지만 우리 집에 머문 시간이 가장 길었던 오빠였다. 그 오빠는 낮에는 학교에 다녔고 저녁에는 인쇄소 야간순찰을 돌았으며, 사랑방 손님들이 가신 뒤에는 뒤치다꺼리를 했다.

당시에는 공부를 하고 싶은 학생들이 우리 집처럼 가내 사업을 하는 집에 사환처럼 들어와 주경야독을 하곤 했다. 책을 만드는 분이었던 데다가 교육에 관심이 높았던 할아버지와 아버지 덕에 우리 집에는 항상 사환이 몇 명 기거했다.

그들은 낮에는 인쇄소에서 일을 돕고 저녁에는 공부를 했다. 간혹 대학교를 다니는 학생들도 있었고 그런 사람들은 학교 수업이 없는 날만 일을 돕곤 했다. 꽤 여러 명의 사환이 있었는데 이 오빠는 몇 년을 그 방에 기거했기 때문에 나중에는 거의 한 가족처럼 지냈다. 성격이 활발하지는 않았지만 늘 생각이 깊었고 조용했으며 묵묵히 자기 할 일을 하던 사람이어서 집안 어른들은 마치 친아들처럼 뒷바라지를 해주었다.

그 오빠가 변한 건 6·25 전쟁이 터졌을 때였다.

순하고 착한 오빠였는데 어느 날 완장을 차고 집에 들어온 후부터는 뭔가 분위기가 달라져 있었다. 참 희한한 것이 사람이 완장을 차거나 뭔가 감투를 쓰게 되면 어김없이 걸음걸이와 눈빛 같은 신체적인 것들이 바뀌어버린다. 평소에 유순하던 남자라도 예비군 훈련 등의 이유로 군복만 입혀 놓으면 껄렁껄렁한 모습이 된다고 하지 않던가.

그 오빠도 그랬다. 늘 허리를 꼿꼿하게 펴고 단정하게 앉던 모습은 반쯤 누워 기댄 채 다리를 꼬고 발끝을 까딱거리는 모습으로 바뀌었고, 눈높이를 맞추며 겸손하게 얘기하던 모습은 무언가에 긴장을 한 듯 늘 날이 서 있는 모습으로 변해버렸다. 늘 긍정적이었던 태도도 비판적인 모습으로 많이 바뀌었다. 특히 체제에 대한 비판을 많이 하면서 내가 생각하고, 내가 아는 사회주의는 이런 것이 아니었다는 소리를 입버릇처럼 했던 기억이 있다. 나중에 알고 보니, 사회주의에 물들어서 다니던 학교에서도 쫓겨나고 우리 몰래 다른 학교로 편입까지 했을 정도로 완전히 사람이 바뀌어 있었다. 안 그래도 전쟁 때문에 인쇄소며 출판사까지 휘청거리고 있었는데 그 오빠까지 집 안에서 완장을 차고 돌아다니니 집 안팎의 분위기는 날이 갈수록 살벌해져갔다.

사실 그때는 그 오빠가 미웠다. 인쇄소 사람들에 나눠 주기 위해 배급 타온 빵도 본인이 늘 대장인 양 받아서 나눠주려 했고, 인쇄소 종이며 활판 같은 것들도 조금씩 빼돌리는 눈치였다. 물자가 모자라 인심이 각박해진 시기였던지라 혹 인쇄소 물품을 훔칠까 싶어 직원들의 도시락 빈 통까지도 검사하던 때였기에 믿었던 오빠의 변심은 더 야속하고 속상했다.

　게다가 내 속을 더 상하게 한 건 어머니의 태도였다. 어린 마음에도 변한 오빠가 야속하고 미워서 부글거리는데 어머니만은 내 마음을 아시는지 모르시는지 평소와 다르지 않게 그 오빠를 대했다. 여전히 삼시 세끼 밥을 차려 내셨고, 대학교 등록금을 내야 할 시기가 오면 등록금은 마련했냐며 살뜰하게 챙기셨다. 그럴 때마다 입을 삐죽거리는 내게 어머니는 늘 이렇게 말씀하셨다.

"처음부터 바라지도 않았다."

　그랬다. 어머니는 처음부터 우리 집에 신세를 지는 사람들에게 아무 것도 바라지 않으셨던 거였다. 바라는 것이 없으니 서운한 것도 없다. 참, 말로는 쉽다. 그런데 사람 욕심이 자기가 준만큼 늘 은연중에 바라게 되어 있다. 그래서 아낌없이 준다는 것이 정말 어려운 것이다. 그런데 어머니는 그렇게 하셨고, 그 오빠 역시 어머니에게만은 태도가 조금 누그러지기 시작했다. 그리고 나중에는 자신이 찬 완장을 무기 삼아서 우리 집의 편의를 일부러 봐주기까지 했다.

찌는 듯 더웠던 한 여름의 어느 날, 그 오빠는 집 안에 있던 귀한 고서 몇 권과 자기 물건 몇 가지, 그리고 돈을 조금 가지고 떠났다. 들리는 얘기로는 북한으로 넘어갔다고 했다. 수 년 간 먹여주고 입혀주고 재워줘서 고맙다는 인사는 없었다.

그 오빠가 떠난 빈 방을 청소하며 그날, 어머니는 아마 인사를 하고 갈 수 있을 정도로 여기 저기 챙기면서 갈 수 없었을 거라며 그 오빠를 두둔하셨다. 그리고 내내 혼잣말처럼 같은 말을 반복하셨다.

"건강하게 잘 살아야 할 텐데. 사람이 여려서……."

어머니는 진심으로 그 오빠를 걱정하며 축복을 빌어주고 계셨고 그날 어머니의 그 모습은 오랜 시간 내 마음에 남았다. 나는 누군가에게 무언가를 베풀 일이 있을 때, 비 오듯 땀이 흐르던 그 여름 날, 빈 방을 청소하시던 어머니를 떠올린다. 그리고 나 역시 마음을 비우고 기대하는 것 없이 흔쾌히 나누기 위해 노력한다. 베풂에 있어서 필요한 것은 그냥 마음 하나뿐이라는 것을 배웠으므로.

바라는 것이 없으니 서운한 것도 없다.
말로는 쉽지만 사람 욕심이 자기가 준만큼
늘 은연중에 바라게 되어 있다.
그래서 아낌없이 준다는 것이 정말 어려운 것이다.

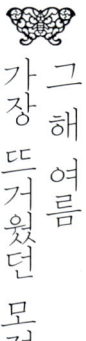

그해 여름 가장 뜨거웠던 모정

大暑 대서
빗줄기가 잦아들자 온 세상을 뒤덮는 무더위
저도 모르게 주르륵 흘러내리는 땀방울

살면서 그 해처럼 조용하면서도 시끄러웠던 여름은 없었다. 매미 소리조차 숨죽인 긴장감은 종로 거리를 팽팽하게 가득 채우고 있었고, 전쟁에 대한 속보는 신문을 돌리는 아이들의 입을 통해, 삼삼오오 모인 어른들의 입을 통해 빠르게 전해지고 있었다.

우리 집을 찾아 온 문인들도 그 여름만큼은 잠시 문학에 대한 토론을 내려놓고 시국에 대한 진지한 이야기들을 나누곤 했다. 그리고 그 모든 것들이 어린 여자 아이에게는 마치 한 여름 밤의 꿈처럼 와 닿지 않는 현실일 뿐이었다.

전쟁은 분명 어른들의 것이었다. 아이들에게 스며들었던 전쟁의 기운이라는 것은 어른들이 체감했던 그것에 비하면 미약하기 그지없었다. 학교에서 경계 공보 사이렌이 울려 집으로 대피할 때도, 창가에 사다리를 기대 불을 끄는 훈련을 할 때도, 그저 공부를 더 안 해도 된다는 생각을 먼저 했으니 말이다.

해방이 된 후, 어느 날 일본인 담임선생님이 자신이 늙어서 할머니가 되어서도 다시 돌아올 테니 일본말을 잊지 말라고 하며 군고구마를 내준 적이 있다. 하지만 어린 우리들은 혹시나 그 선생님이 고구마에 독을 바른 것이 아닐까 싶어 다들 입에도 대지 않았다. 어린 나이지만 이미 불신이 마음에 자라고 의심이 머릿속에 자리 잡은 까닭이었다.

이처럼 전쟁은 어린 우리들의 마음에는 의심과 불신을 심어주었고, 실제로는 방학의 시작이 조금 더 빨라졌다는 것, 그리고 부모들이 다른 곳에 신경을 쓰는 사이 좀 더 많은 장난을 칠 수 있다는 것. 혹은 조금 더 자주 머리에 보호 모자를 쓰고 책상 밑으로 숨거나 방공호로 피난을 하는 훈련을 받게 된다는 것을 의미했다. 인쇄소는 여전히 맹렬한 소리를 내며 돌아가고 있었고, 세 끼 밥도 늘 먹던 것처럼 먹었다. 다만 종로 거리를 가득

메운 팽팽한 긴장감은 어린 내게도 무언가 전해지는 것이 있어서 그 즈음의 나는 집 밖을 나서기 전, 나도 모르게 좌우를 조심스레 살피며 발을 내밀곤 했다.

  그날도 그랬다. 친구들과 소꿉놀이라도 하려고 집을 나서면서 여느 때와 다르지 않게 좌우를 살피며 대문 밖으로 발을 내디뎠다. 아침이었는데도 불구하고 더운 기운이 확 끼쳐왔다.

  참 이상한 것이 최근 들어 몇 십 년 만의 더위가 왔네, 수십 년 만에 처음 내린 폭설이네, 하는 기사들을 보기는 하지만 내 기억으로는 분명 옛날이 더 추웠고, 훨씬 더웠고 눈도 더 많이 왔었다. 물론 정확한 기상 관측 자료와 개인의 기억을 비교할 수는 없는 노릇이지만 이상한 일이다. 하긴, 지금은 여름이면 에어컨에 선풍기가 땀을 식혀주고, 겨울에는 훈훈한 난방이 공기를 데워주니 덥고 추운 것을 예전처럼 직접적으로 느끼기는 어려워 체감하는 온도에 차이가 있을 수도 있겠다는 생각은 한다.

  어쨌든 그 일이 있었던 그날도 무척이나 더웠다. 단지 대문 밖으로 발을 내딛고 두어 발짝을 걸었을 뿐인데도 등에 땀이 흐를 정도였다. 학교 운동장에서 친구들과 노는 것보다는 그냥 집

툇마루에 누워서 어머니가 가져다준 시원한 냉국을 마시며 책을 읽는 것이 더 어울리는 날씨였다. 게다가 머리에 쓰고 있던 솜 모자는 어깨까지 축 내려와 흐르는 땀을 더욱더 재촉했다. 폭격을 당했을 때 파편을 막기 위한 것이었는데, 한여름과는 전혀 어울리지 않는 모자였다.

아침임에도 불구하고 더워서 그런지 종로 거리에도 사람이 별로 없었다. 방학을 맞이해서 놀러 나온 학생들, 장사 하는 사람들, 그리고 집 앞에 나와 오가는 사람을 구경하는 노인네들이 전부였다. 그리고 그 사람이 있었다.

오며 가며 가끔 얼굴을 보았던 동네 아주머니였다. 한두 해 전부터 훌쩍 큰 아들을 데리고 우리 집에 몇 번 오셨던 기억이 있는 분이었다. 그 아주머니는 아들을 앞세워 찾아와 인사를 시킨 후 집에 있는 책들을 얻어가곤 했다. 사방에 널리고 널린 것이 책이었기에 어머니는 그때마다 공부 열심히 해서 큰 사람이 되어야 한다며 팔고 남은 책들을 두 손 가득히 쥐어주시곤 했다. 책을 살 형편은 안 되고 그렇다고 공부를 안 시킬 수는 없으니 그렇게 공부하고 읽을 만한 책들을 얻어 갔던 것 같다.

어쨌든 그렇게 안면이 있는 데다, 동네 어른이기도 해서 꾸벅 인사를 했다. 가까이 다가가서 인사를 했는데, 영 반응이 없었다.

아주머니는 울고 있었다. 고개를 푹 숙이고 두 손에 쥔 천이 조금 떨리는 것이 느껴질 정도로 조용히.

그제야 한 발 물러나서 아주머니가 손에 쥐고 있는 것을 살펴보았다. 흰 광목에 가늘게 글씨가 하나 써져 있었고, 그 글씨 위로 붉은 실이 몇 땀 수 놓여 있었다.

壽.

흰 광목에 쓰여 있는 글씨는 목숨 '수'였다. 그제야 어젯밤, 어머니에게 놀러 온 또 다른 동네 아주머니가 해준 이야기가 생각이 났다. 어머니 무릎을 베고, 부채질에 선 잠이 드는 바람에 자세히 듣지는 못했지만 그 아주머니의 아들이 이번 전쟁에 군인으로 나가게 되었다는 얘기였다.

밤 새 아들 걱정에 가슴을 쳤을 그 아주머니는 새벽에 동이 트자마자 목숨 수를 쓴 천을 들고 나와 종로 거리에 서 있었던 것이다. 오며 가며 지나가는 사람들에게 한 땀씩 붉은 실로 글자를 완성하기 위해서. 어쩌면 그 아주머니는 이렇게 얘기했던 것일지도 모르겠다.

'한 땀 분량의 목숨을 나누어 주세요. 제 아들이 무사히 살아 돌아오면 평생 그 은혜는 잊지 않겠습니다.'

그 간절한 모정이 더운 여름, 새벽부터 그렇게 그 아주머니를 길가로 나오게 한 것이었다.
물론, 그때는 그렇게 깊은 생각을 하지 못했다. 다만 어린 마음에도 그렇게 울며 서 있는 아주머니에게 뭔가 힘이 될까 싶어 그 길을 오가면서 한 땀, 갔다 오면서 또 한 땀, 집에 갔다가 놀러 나오면서 한 땀, 놀고 나서 다시 집에 들어가면서 한 땀, 열심히 붉은 실로 글자를 완성하는 데 일조를 하기는 했다.

얼마 후, 우리 집의 책을 얻어갔던 그 아주머니의 목숨 '수'는 이내 완성이 되었다. 그리고 아주머니의 아들은 자신의 엄마가 피를 토하는 심정으로 종로 거리를 지나는 사람들에게 얻은 그 목숨을 가지고 전쟁에 나갔을 터이다.

그 아들이 살아서 돌아왔는지 이후 소식을 듣지는 못했다. 다만 전쟁에 아들을 내보내고 얼마 지나지 않아 그 아주머니가 종로 거리를 떠났다는 것은 알고 있다. 사실, 아주머니가 떠난 후에도 가끔, 그 집 앞을 지날 때면 아주머니가 들고 서 있던 그 글자가 생각나곤 했다. 그리고 내가 커서 결혼을 하고, 아이를 낳아 키우면서 좀 더 자주 그날의 광경이 떠올랐다.

자식을 위해 속창까지 다 들어내줄 수 있는 게 어미라고 했다. 자식 일이 걸리면 눈물을 흘려도 피 눈물이 나는 것이 엄마다. 오죽하면 장이 끊어지는 아픔이라 해서 단장이라는 말까지 나왔을까. 내가 자식일 때는 몰랐다. 내 자식 손에 가시가 박힌 것까지 그렇게 마음이 콕콕 쓰리고 아픈 일이 될 것이라는 것을. 그런 감정을 엄마가 되어 직접 겪고 나니 그제야 그날 아침, 그 아주머니가 울며 서 있었던 것이 얼마나 찢어지게 아픈 마음으로 서 있었던 것인지를 이해하게 된 것이다.

그 해 여름, 간절함으로 오가는 사람에게 자식의 목숨을 한 땀씩 얻어 냈던 그 아주머니의 마음이야 말로 진정한 모정이 아닐까.

'한 땀 분량의 목숨을 나누어 주세요.
제 아들이 무사히 살아 돌아오면
평생 그 은혜는 잊지 않겠습니다.'
그 아주머니의 마음이야 말로 진정한 모정이 아닐까.

가을

넉넉하게
가득 채워진 시간.
선선한 바람이 세월을 감싸자
지나간 것들이 고개를 끄덕이고
슬며시 돌아본 곳에
더께처럼 엉긴 붉은 가을.

立秋 입추
가을의 시작
어둑한 밤이 되면 슬며시 불어오는 시원한 바람

아, 삼시 세끼의
고마움이란

푸르른 숲이 황금 들판으로 바뀐다. 아직 잔서(殘暑)가 기승을 부리기는 하지만 밤이 되면 비교적 선선한 바람이 일기 시작한다. 그 바람을 타고 이슬이 진하게 내리면 쓰르라미가 시끄럽게 울고, 이제 서서히 가을 채비를 준비해야 할 시간이다. 김장용 무, 배추를 땅 속 깊숙이 심고 서리가 내리기 전에 거두어서 겨울 김장에 대비를 해야 하는 시기이기도 하다.

하지만 '어정 7월, 건들 8월'이라는 말처럼 김매기도 끝나가고 한가해지는 시기여서 자칫 방심하면 일 년 농사가 수포로 돌아간다. 봄, 여름 동안 얼마나 잘 관리했는지에 따라, 또는 날씨에 따라 수확의 성과가 확연히 달라지기 때문이다. 가을에 걷은 곡식으로 다음 해를 나야 했기에 수확이 제대로 되지 않으면 겨울이 오기도 전에 이듬해를 걱정해야 했다.

내가 열다섯 살 되던 해에 6·25 전쟁이 일어났다. 민족 간의 서글픈 전쟁이기도 했지만 우리 같은 소시민들에겐 한 끼 식사조차 제대로 하지 못하게 만든 생존과 직결된 전쟁이었다. 오죽하면 도둑이 들어와도 물건을 훔쳐가는 것이 아니라 부엌 찬장을 뒤져 밥과 반찬을 훔쳐갈 정도였다.

우리 집은 마지막까지 피난을 가지 않고 종로에 남아 있었다. 폭격이 아무리 떨어져도, 인민군이 내려와도 우린 종로의 터전을 지키며 생활을 유지해갔다. 그러다가 종로 대부분의 집이 피난을 가기로 결정하고, 아버지가 안 계시던 우리 집에 외할아버지가 피난을 위해 식구들을 데리러 오시면서 결국 부산으로의 피난을 결정하게 되었다. 인쇄소의 기계들과 귀한 책들, 그리고 할아버지와 아버지가 피땀 흘려 일군 출판사를 두고 떠나는 발걸음은 가볍지 않았다.

우린 짐을 싸기 시작했다. 비단 옷감이나 값이 비싼 물건들을 주로 챙기고 먹을 것을 챙겼는데, 조금 남은 쌀과 고추장 같은 것을 챙겼다. 헌데 지금 생각해보면, 고추장을 왜 그리도 많이 들고 갔었는지, 웃음이 나온다. 어른들이 먹거리와 귀중품을 챙기고 우리는 책가방과 교복, 책들을 챙겼다. 어디 가서든 공부는 해야 한다는 생각 때문이었을까. 책가방 안에 교복을 챙겨 넣으면서 꼭 다시 학교로 돌아오겠다는 다짐을 했던 것 같다.

부산으로 떠날 채비를 다 했지만 서울과 인근 지역 사람들이 모두 피난길에 올랐기에 표를 구하기가 쉽지 않았다. 간신히 표를 구했지만 열차에 오르는 것도 힘들었다. 먼저 탄 사람들로 열차 안은 터질 듯 좁았다. 우리 가족은 운이 좋아 화물칸에 탑승할 수 있었지만 열차에 타기 위해 사람들은 기차 지붕에도 매달렸고, 그러다가 떨어져 죽은 사람들도 꽤 있었다.

열차는 수많은 사람들을 싣고 어기적어기적 출발했다. 요즘 같으면 두세 시간이면 서울에서 부산까지 도착하겠지만 그때는 사람들이 워낙 많은 탓에 가다 서다를 반복했고, 열차의 속도도 워낙 느려 몇 날 며칠을 걸려 부산에 도착했다.

가는 동안은 열차 안에서 끼니를 해결해야만 했는데 당연히 먹을 것은 많지 않았다. 많았다 해도 주위에 사람들이 워낙 많은 탓에 눈치 없이 우리만 먹을 수는 없었을 것이다. 겨우 굶주림만 잊을 정도로 식사를 해결할 수밖에 없었다.

열차를 탄 첫째 날은 서울에서 떠날 때 만들어온 주먹밥으로 끼니를 해결했다. 그 다음 날은 대충 담아 온 밥과 김치로 버텼다. 하지만 허기진 배는 좀처럼 채워지지 않았다. 그나마 우린 사정이 나은 편이었다. 화물칸 안의 다른 사람들은 먹을 것이 하나도 없어 쫄쫄 굶는 사람도 많았다. 그 사람들은 우리에게 조금이라도 먹을 것이 있어 부럽다는 눈치였다. 그만큼 쌀 한 톨이 절박했던 때였다.

서울에서 출발한 지 이틀째 되던 날, 논산에 도착했는데, 우린 한 집에 살던 아이 한 명을 보냈다. 그 아이는 논산이 고향이었다. 우리 역시 먹을 것이 떨어져 가고 모두가 힘들었던 터라 할 수 없이 집으로 보낸 것이다. 헤어지는 건 아쉬웠지만 서로가 함께 살기 위해선 어쩔 수 없는 이별이었다.

결국 사흘 째 되자 우리도 먹을 것이 다 떨어졌다. 굶어본 적이 없던 우리는 주린 배를 움켜쥐고 악으로 버텼다. 열차는 사흘 만에 대구에 도착했다.

가을

우린 화물칸에서 내려 바깥에 먹을 것이 있나 둘러보았다. 워낙 많은 사람들이 타고 이동하던 열차여서 잠시 정차했던 대합실에도 수백 명이 바글바글했다. 모두가 굶주린 건 똑같은 처지였기에 먹을 것을 파는 데도, 먹고 있는 사람조차 찾을 수가 없었다. 아마 누군가 먹을 것을 들고 있었다면 여러 명이 한꺼번에 달려들어 아비규환이 되었을 것이다.

　우린 힘없이 빈손으로 다시 화물칸에 올라탔고, 기적 소리가 울리며 열차가 떠나려 했다. 헌데 어머니가 보이지 않았다. 화장실에 갔다가 아직 오지 않으셨던 것이다. 우린 깜짝 놀라 사람들을 밀치고 바깥으로 고개를 내밀어 고래고래 소리를 쳤다. 다행히 그 소리를 들은 어머니는 부리나케 뛰어 오셨고, 떠나는 열차에 겨우 몸을 실을 수 있었다. 하마터면 이산가족이 될 뻔했던 우리는 놀란 가슴을 쓸어내리며 서로를 부둥켜안았다.

　또 하루가 지나고 열차는 어떤 마을에 정차했다. 워낙 가다 서다를 반복했던 터라 우린 별로 신경 쓰지 않고 가만히 있었는데, 계속 움직이지 않는 것이 아무래도 이상해 바깥을 내다보았다. 그랬더니 우리가 탄 화물칸만 남기고 앞뒤로 아무 것도 없었다.

막막했다. 이틀간 아무 것도 먹지 못해 걸어갈 힘도 없는데, 그곳이 어디인지조차 알 수 없었다.

같은 화물칸에 있던 다른 사람들 역시 당황하여 웅성거리기 시작했다. 지금처럼 휴대폰이 있던 것도 아니어서 어딘가 연락을 할 수도, 부산으로 가려면 어디로 가야 할지도 알 수 없었다. 그러던 차에 누군가가 우리가 남겨진 곳이 경주란 걸 알아와 사람들 중 일부는 걸어서 부산으로 떠났고, 그렇지 않은 사람들은 일단 화물칸 근처에 남아 다음 열차를 기다렸다. 우린 부산까지 걸어갈 힘도, 그럴 자신도 없어서 경주에서 추이를 더 지켜보기로 했다.

그렇게 결정을 한 뒤, 가장 먼저 우리는 주린 배를 어떻게 채울지 고민했다. 경주 시내로 나가 먹을 것을 구해 오기엔, 혹시라도 다른 열차가 와서 우리가 탄 화물칸을 붙여 떠날까봐 위험이 컸다. 화물칸 근처엔 허허벌판이라 먹을 것을 전혀 구할 수가 없었다. 그래서 우린 과감히 거기서 밥을 해먹기로 했다. 근처에 시냇가가 있어 물은 충분히 구할 수 있었고, 서울에서 쌀을 담아 왔기 때문에 불만 지피면 밥을 할 수 있었다. 그러다 다른 열차가 와 화물칸을 붙여 가면, 곧바로 화물칸에 타면 되니

가장 안전한 방법이었다.

  우린 밥을 먹을 수 있다는 생각에 서둘러 물을 길어 와 불을 지폈다. 시간이 좀 흐르자 하얀 쌀밥이 만들어졌고, 그 밥이 어찌나 맛있어 보이던지 지금 그 장면을 떠올리기만 해도 군침이 돌 정도다. 반찬은 김치 남은 것과 고추장뿐이었지만 세상에 태어나 그토록 맛있었던 식사는 지금까지 몇 번 없었던 것 같다.

  며칠 뒤, 다른 열차가 도착해 우리가 탄 화물칸을 붙여 다시 출발했다. 하루를 꼬박 달려 우린 무사히 부산에 도착할 수 있었다.

  요즘 사람들은 끼니를 거르는 일이 드물 것이다. 물론 바빠서, 입맛이 없어서, 다이어트를 하느라 일부러, 혹은 피치 못할 사정으로 식사를 하지 못하는 경우가 있긴 하지만 그야말로 밥이 없어서 굶는 경우는 드물다. 어릴 적 피난을 갔던 시절처럼 말이다.

  사람은 며칠씩 굶어보면 평소에 먹던 것들의 소중함을 절로 느낄 수 있다. 요즘 그러한 소중함을 느끼기 위해 일부러 굶는 사람들을 몇몇 본 적이 있다. 식사를 할 수 있다는 것에 대한 고

마음을 잊고선 음식을 버릇처럼 남기거나 밥을 소홀히 하는 자신을 반성하고, 매 식사의 고마움을 느끼기 위한 것이라고 한다. 항상 잘 먹으면서 그것의 소중함을 느끼면 좋으련만, 역시 사람은 그게 잘 안되나 보다. 나 역시 피난을 가기 전까진 그러한 소중함을 잘 못 느꼈으니 말이다.

요즘 어머니가 차려주는 식사를 성의 없이 대충 먹곤 자리를 뜨는 어린 친구들을 보고 있자면, 피난을 가던 그 시절, 화물칸에서 배가 고파 엉엉 우는 아기들이 떠오르곤 한다. 하루 세 끼 식사를 아무 문제없이 할 수 있다는 건, 세상 무엇보다 큰 고마움이요, 축복이라는 걸 그 어린 친구들은 언제 알 수 있을까.

處署 처서
기승을 부리던 무더위가 한 발 뒤로 물러난다
스산한 바람이 불어 천지가 쓸쓸해지는

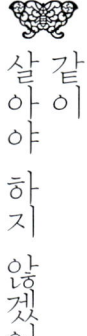

같이 살아야 하지 않겠어

아버지는 한국사를 전공한 분이었다. 서른셋에 돌아가시기 전까지 우리 오남매와 어머니, 그리고 많은 식솔들을 살뜰하게 챙기시며 박문서관을 운영하셨다. 함께 살던 고모네 식구까지 챙겨 종종 양식집이며 중국집에서 외식을 하기도 했고, 피아노나 만돌린을 식구들 앞에서 연주해 주시기도 했다. 그리고 역사학을 전공하신 것을 살려서 〈소학생〉이라는 어린이 잡지에 우리나라 역사를 연재하고 대학에서 강의도 하셨던 걸로 기억한다.

  아버지가 큰 서점을 운영하면서도 이렇게 다양한 일을 하고, 가족들에게 세심하게 마음을 써 주실 수 있었던 것은 사실 돌아가신 할아버지의 역할이 컸다. 할아버지가 박문서관을 안정적으로 안착시켜 놓았기 때문이다.

할아버지는 출판사를 하는 사람으로서 어느 정도 사명을 가지고 계셨던 듯 《조선어사전》처럼 만들어 놓고 찍을 돈이 없어 찍지 못하는 것들을 출판하기도 하고 동서고금의 양서를 모아서 기획 문고본 출판을 하기도 했다. 《춘향전》, 《하멜표류기》, 《김동인단편선》, 《윤석중요선》을 비롯해서 정치, 경제, 문학, 과학, 철학, 사회, 종교, 가정, 아동, 부인 분야의 책을 매월 한 권씩 발행하는 것이었는데 가격이 저렴하면서도 판형이 작고 가벼워서 큰 인기를 얻었다고 한다. 일본이 전쟁 준비로 인쇄용지를 제한하는 시대적인 상황에서도 박문상사를 따로 설립해 종이 무역 업무까지 병행했던 까닭에 인쇄소와 출판사는 큰 무리 없이 유지될 수 있었다고 한다.

이렇듯 교과서를 비롯해 각종 신소설들을 다양하게 출판하다 보니 박문서관이 가지고 있는 도서 판권의 수량도 상당했다. 내가 태어날 무렵 이미 천여 종의 도서 판권을 소유하고 있었다고 하니 이후 십여 년간 더 이어진 전성기 동안 판권은 더 많이 늘어났을 것이다.

지금에야 저작권법이 강화되어 인터넷에 올리는 글에도 저작권 표기를 하고, 작가들에게 판권에 대한 부분, 저작권에 대한 부분을 인정하지만 당시에는 저작권에 대한 개념조차 없었다. 그저 배곯으며 글 쓰는 문인들에게 정성들여 책을 내주고, 섭섭하지 않게 원고료를 챙겨주기만 해도 훌륭한 출판사라는 소리를 들었던 시기였기에 굳이 판권 배분에 대한 건 생각하지도 않았다고 한다. 박문서관 역시 그때 그 사건이 없었다면 당시로서는 획기적이었던 '작가에게 판권을 준다'는 결정을 내리지 못했을 것이다.

아마도 대학교 3학년 즈음이었던 것 같다. 할아버지와 아버지 산소의 풀을 깎고 온 지 얼마 되지 않았고, 아침저녁으로 선득한 바람이 불어서 긴 팔 옷을 입고 대청에 앉아 있었으니 초가을 무렵이 아닌가 싶다. 그날따라 아버지가 보고 싶어서 생전에 좋아하셨던 최남선이 쓴 책을 뒤적거리고 있는데 어떤 아주머니 한 분이 집 대문을 열고 들어오셨다.

"내가 먹고 살아야겠으니 내 남편이 쓴 책의 권리를 주시오!"

아주머니는 문이 부서져라 쾅 닫더니 대뜸 소리부터 지르기 시작했다.

조용하던 집안에 큰 소리가 나자 어머니가 방에서 뛰어 나오셨고, 이내 아버지가 돌아가신 후 인쇄소와 박문서관을 함께 운영해주시던 분도 오셔서 자초지종을 물었다.

그 아주머니는 이름만 대면 알 만한 소설가의 부인이었다. 박문서관의 대표적인 출판물이라고 할 수 있을 정도로 큰 인기를 끌었던 책을 저술한 그 소설가는 몇 권의 책을 쓴 후 돌아가셨고 죽은 남편의 책을 팔아 돈을 벌고 있는 우리에게 그 부인이 권리를 달라며 따지러 온 것이었다.

당시만 해도 저자가 판권을 가지고 간다는 것은 생각도 하지 못한 일이었으니 아마 그 소설가의 아내도 논리적으로 설명하고 판권을 달라고 정중히 얘기를 하면 안 될 것 같으니 일단 크게 소리를 질러서 기선을 제압하려고 했던 건지도 모르겠다.

결국, 우리는 그 아주머니에게 판권을 넘겨 드렸다. 아버지가 돌아가신 후 박문서관의 운영에는 관여하지 않고 전적으로 믿고 맡기기만 하셨던 어머니는 그때 처음이자 마지막으로 모든

작가들에게 판권을 넘겨주는 것은 어떻겠냐는 의견을 전하셨다. 다행히 당시 박문서관을 운영하시는 분도 어머니의 의견을 흔쾌히 받아들여주셨다. 그 분 역시 작가의 권익과 나 혼자 잘 사는 것이 아닌 다 같이 잘 사는 것, 출판사의 설립과 운영은 단순히 책을 만들고 파는 것이 아니라 그 안에 담긴 작가들의 정신과 혼을 퍼트리는 공익적 목적이 있다는 것을 십분 백분 공감하고 있었던 까닭이었다.

이후 박문서관은 최초로 작가들에게 판권을 나누어준 출판사가 되었다. 출판사 운영이 조금 어려워지기는 했지만 어머니와 박문서관 대표를 맡아주셨던 아저씨 모두 그 결정을 후회하지 않으셨다. 사람이란 함께 살아야 한다는 것, 자기 몫이 아니라 생각되는 건 흔쾌히 포기도 할 수 있어야 한다는 것을 알고 계셨던 까닭일 것이다.

비단 판권뿐 아니라 무엇이든지 나누어야 더 오래 간다는 것을 새삼 깨닫게 된다. 판권이라는 것도 결국은 혼자서 가지고 있던 것을 동료에게 나눠준 셈이다. 나 혼자 판권을 가지고 잘 먹고 잘 사는 것보다 너에게도 나누어 줄 테니 내가 조금 덜 먹더라도 함께 잘 살아보자, 라는 것과 다름없다.

　사실 주변을 둘러보면 내가 조금만 손을 내밀어도 금방 일어날 것 같은 사람들이 분명 있다. 단순히 금전적인 도움만을 말하는 것이 아니다. 때로는 괜찮냐고 잡아주는 손이, 웃으며 토닥여주는 것이, 카드 한 장에 힘내라고 담은 한 마디가 그 사람을 살게 하고 다시 일어나게 하는 힘이 될 수 있다. 마음이건 작은 관심이건, 돈이나 시간이 되었건, 함께 산다는 것은 내게 있는 것을 조금 나누어주는 것에서부터 시작한다.

　다 끌어안고 있어봐야 뭐하겠나?
　그저 나누고 베풀면서 함께 사는 것이 행복이고 사는 맛이 아닐까?

이슬이 내렸다.
밤이 되면 서늘한 바람이 불기 시작하고
기러기 떼가 마침내 그 바람을 타고 돌아온다.
반대로 제비는 따뜻한 바람을 타고 강남으로 제 살 길을 찾아 떠난다.
다가올 혹독한 겨울을 무사히 나기 위해
새들이 저마다 먹이를 숨겨 놓고 조금씩 아껴 먹기 시작하는
가을의 한가운데.

白露 백로
만곡이 무르익는다
풀잎에 알알이 맺히는 하얀 이슬

혼자가 아닌 모두를 위한
절약의 습관

여름 내내 골치를 썩인 비구름도 거센 바람도 모두 물러나, 더하지도 모자라지도 않은 쾌청한 나날들. 이때의 내리쬐는 햇볕이 곡식이 여물기엔 더할 나위 없이 좋다. 특히 청명한 햇빛을 머금고 알알이 여문 포도를 먹어보면 그저 당연하게만 여겼던 햇빛이 얼마나 소중한지 절실히 느낄 수 있다. 만약 햇빛이 없다면 그 기막힌 맛을 어떻게 맛볼 수 있을까.

어릴 적 이웃집에선 이맘때쯤 되면 항상 시골에서 포도를 한가득 가지고 올라왔다. 그 포도가 무척 먹음직스러워 항상 담장 너머로 쳐다보곤 했는데, 이웃집 아주머니는 선뜻 포도 몇 송이를 건네주곤 했다. 그러면 신이 나서 포도를 손에 쥐고 쏜살같이 집으로 내달려선 어머니와 함께 한 알 한 알 껍질을 조심스레 벗겨 입 안에 살살 녹이듯 먹었다.

   어릴 적엔 그렇게 뭐든 나눴다. 좋은 일이든 슬픈 일이든 이웃, 친척들과 함께 나누면, 흔히 우리가 아는 말처럼 기쁨은 두 배가 되고, 슬픔은 절반으로 줄었다. 특히나 모든 것이 부족했던 전쟁을 거치면서 그런 생활이 더욱 몸에 밴 것 같다.

   부산으로 피난을 가던 시절의 일이다.
   전쟁이라 해도 서울에서는 필요한 것을 어떻게든 구해다가 쓸 수 있었는데, 피난을 가니 어느 것 하나 구하기가 쉽지 않았다. 특히 부산으로 가는 열차 안에서 화장실을 제때 갈 수 없어 무척 곤혹스러웠던 기억이 난다. 다행히 외사촌 오빠가 깡통을 구해와 그곳에 소변을 해결할 수 있었는데, 대변은 아예 해결할 수조차 없었다. 무조건 참아야만 했다. 게다가 혹시라도 깡통마저 못 쓰게 될까봐 우린 그 찌그러진 깡통을 신주 단지 모시듯 아주 소중히 다뤘다.
   부산에 도착해서는 외할아버지를 따라 우리가 지낼 곳으로 따라 갔다. 정신없이 따라가다 보니 바다와 배들이 정박해 있는 부둣가가 보였다. 얼마를 더 걸어가 도착한 곳은 이층집 건물이었다. 마치 학교의 합숙소 같은 분위기였는데, 그곳이 우리가 한동안 지낼 장소였다. 건물 안에 들어가니 호텔의 객실처럼 방들이 죽 복도에 늘어서 있었다. 각 방엔 사람들이 앉아서 한 가득 들어찬 짐들을 풀고 있었는데, 어찌나 복잡한지 발 디딜 곳 하나 없었다. 그 방들을 모두 지나 우린 이층으로 올라갔다.

우리가 지낼 곳은 어른 두세 명이 누우면 꽉 들어찰 작은 방이었다. 서울에서 지냈던 집과는 비교도 안 될 정도로, 아니 비교를 하는 것 자체가 서울 집에 대한 실례일 정도로 작은 단칸방이었다. 그렇지만 피난 중이었으니 우린 실망할 틈도 없었다. 묵묵히 짐을 풀고 정리하기 시작했다. 며칠을 걸려 부산으로 오던 길이 워낙 험난했던 터라, 그 좁은 방마저도 고마운 처지였다. 그리고 며칠 후 우리 가족은 보수동에 있는 외할아버지의 친척집에 갔다. 거기서 이층 다다미 방을 얻어서 지내게 되었고 그 방에서 우리 가족은 옹기종기 모여 함께 살았다. 3년여 뒤 서울로 돌아오기 전까지 그 곳이 우리 가족의 집이었던 셈이다.

부산은 바다가 바로 곁에 있는 지역이었지만 물이 정말 귀했

다. 그래서 나는 부산에 도착한 바로 다음날부터 사람들을 따라 물동이를 들고 물을 얻으러 다녀야 했다. 조금이라도 많이 얻기 위해 물동이에 물을 가득 담아 가지고 왔는데, 생전 한 번도 해 본 적이 없던 일이라 무척 힘들었다. 무겁기도 무겁고, 머리에 이고 오면 흔들거리기는 왜 그리도 흔들거리는지…… 결국 집으로 돌아오면 물동이의 절반 이상은 흘러 없어졌고, 옷은 물에 흠뻑 젖어 있곤 했다.

하지만 그렇게라도 구해서 쓸 수 있었던 물이 얼마나 귀했는지 모른다. 우린 그 물로 얼굴도 씻고, 설거지도 하고, 밥도 하고, 빨래도 했다. 서울에서 썼던 물의 양과는 비교도 안 되게 적은 양이었지만 아끼고 또 아껴 생활에 필요한 모든 걸 다 할 수 있었다.

그 후 우린 틈만 나면 물을 얻으러 다녔다. 동생들도 그때마다 큰 냄비를 들고선 따라 나왔다. 비록 전쟁 중이었지만 한창 사춘기에 접어든 우리 자매는 물이 흐르는 것에도 까르르 웃으며 나름의 추억들을 만들어갔다. 지금도 그 시절 물동이와 냄비를 나란히 들고서 물을 얻어 왔던 광경을 떠올리면, 마음이 애잔해진다.

하루는 같은 건물에 지냈던 한 언니가 내게 저녁이 되어서야 물을 얻으러 가자고 했다. 그저 그런 줄로만 알고 나는 언니를 따라 나섰다. 바깥엔 차가 한 대 서 있었다. 나에게 뒤에 타라고 하며 언니는 앞좌석에 탔다. 영문도 모르고 일단 차에 탔는데, 운전석에 군인이 한 명 앉아 있었다. 언니와 그 군인은 서로 사랑하는 사이인데 집 안에서 결혼을 반대한다며 언니가 울기 시작했다. 남자는 언니를 달랬고, 나는 뒤에서 그 모습을 지켜봤었다. 언니는 어둑어둑해진 저녁이 되어서 혼자 나오면 집에서 보내주지 않으니까 물을 뜨러 간다는 핑계로 나를 데리고 나온 것이었다. 이 후에도 가끔씩 언니는 나를 불러내 함께 물을 길어 오면서 하소연을 하곤 했다. 특히 밤이 늦어 아무도 없는 시장 길을 걸으며, 물동이를 머리에 이고 언니와 도란도란 이야기했던 것은 나름 멋진 추억이었다.

부산은 대체로 날씨가 따뜻한 날이 많았다. 하지만 본격적인 겨울이 되자 꽤 추워졌다. 우린 이렇다 할 겨울옷이 없어 고민이었는데, 그 언니가 해결해주었다. 당시 부산에 있는 국제시장에서 몰래 구입한 미군 담요였다. 애인이 군인이라 군용 담요는 비교적 손쉽게 구할 수 있었을 것이다. 누런 색 담요였던 터라 검정 색으로 물을 들여서 정성스럽게 코트를 만들어줬다. 나는 그 코트를 색이 다 빠지도록 주구장창 입고 다녔다. 닳고 닳아 나중엔 못 입을 정도가 되었다.

 그땐 그렇게 지냈다. 힘들게 피난을 가고, 좁은 곳에서 따닥 따닥 붙어 잠을 자고, 물 한 방울도 아껴 쓰고……. 지금이야 추억 속 사진첩을 꺼내듯 편하게 말할 수 있지만 그 당시엔 살기 위해 무조건 아끼고 나눠야만 했다. 그 시절 습관이 밴 탓일까 난 아직도 그때와 마찬가지로 모든 것을 절약해서 쓰고, 무엇이든 남과 나누길 좋아한다.

 세계에서 통조림 비축량이 가장 높은 나라가 독일이란다. 이유를 들어보니 2차세계대전에서 패전하여 고생이란 고생을 많이 겪은 탓에, 지금까지도 그 시절의 기억이 남아 있기 때문이라고 했다. 통조림 외에도 전쟁에 대한 대비가 가장 철저한 나라가 바로 독일이다. 요즘 세대들은 전쟁을 직접 겪지 않았음에도 그 영향이 미치고 있는 걸 보면, 당시 앞선 세대들의 전쟁에 대한 경험이 얼마나 살벌하고 강렬했을지 짐작이 가고도 남는다. 그런 걸 '전쟁 DNA'라고도 한단다.

그 애길 들으며, 나 역시 그런 거였구나, 하는 생각이 들었다. 요즘은 그때처럼 죽을 둥 살 둥 아끼진 않아도 되는데 계속 그러한 생활을 하고 있는 날 보며 새삼스레 든 생각이었다. 전쟁 DNA가 새겨졌다고나 할까.

이런 내 입장에서 보면 요즘 무분별하게 넘쳐나는 자원들을 보면 조금 안타까울 때도 있다. 어느 나라에선 하루에도 수백 명이 굶어죽는데, 어느 나라에선 음식물 쓰레기가 넘쳐나니 말이다. 자원이란 게 모두에게 고루고루 퍼져서 보다 많은 사람들이 행복할 수 있어야 하는데, 지금은 특정한 누군가만 그 행복을 누리고 더 많은 사람들이 그만큼 더욱 빈곤해지는 것 같다. 풍요 속 빈곤이란 건 이런 걸 두고 하는 말이 아닐까?

요즘에 와서도 우리가 전쟁 시절처럼 아끼고 나눠야 한다는 것은 아니다. 하지만 우리가 이토록 풍요로운 생활을 하는 동안에 어딘가에서는 먹을 것이 없어, 잘 곳이 없어 헤매는 이들이 가득하다는 걸 부디 잊지 않았으면 좋겠다. 전쟁 DNA가 아닌 절약 DNA를 몸에 새겨야 하지 않을까.

秋分 추분

어느덧 비슷해진 해와 달의 길이
돌아보면 출렁거리는 황금빛 들판

다르다는 것이
틀린 것은 아니지

여름내 짙푸르던 들판이 하루가 다르게 노랗게 물들어 간다. 선선한 바람을 맞으며 누런 들판을 걸어가면 발 아래에서 귀뚜라미 울어대는 소리가 귀에 녹아 들어온다. 수수와 조는 늘어 뺀 고개를 숙일 데로 숙여, 여름 내내 괴롭히던 뜨거운 태양과 폭우를 견뎌낸 겸손을 표한다.

   이 무렵이 되면 제일 먼저 낮이 짧아지면서 밤이 길어지는 것이 몸소 느껴진다. 넓은 집의 작게 쪼개진 다양한 공간은 낮에는 숨바꼭질 장소가 되어주고 호기심의 공간이 되어주지만 어둠이 깔리면 묘하게 느낌이 달라진다.

독실한 기독교 신자셨던 할아버지와는 달리 할머니는 미신을 더 믿는 분이었다. 어릴 적 기억을 더듬어 올라가다 보면 굿을 해주는 전속 무당이 집에 종종 오곤 했다. 우리 집에서 전용으로 쓰는 굿당도 마련되어 있을 정도였다. 그러나 나는 굿 하는 것을 본 적이 없어서 당시엔 그 할머니가 무당인 것을 몰랐다. 그리고 외할머니는 신실한 불교 신자였기 때문에 우리 집은 기독교, 불교, 토속 신앙까지 한 집안에 세 개의 종교가 공존하는 보기 드문 곳이기도 했다.

할머니는 안방과 사랑방, 부엌, 광 할 것 없이 집 안 곳곳에 상자와 함께 무당의 모자를 올려 두시곤 했다. 알록달록한 무당의 모자는 낮에는 곱고 화려해 보였지만 어두움이 깔리면 기묘한 느낌과 함께 무섭기도 했다. 특히 갑자기 낮이 짧아진 늦가을 무렵이면 선선한 바람과 함께 더 스산한 기운을 내 뿜었다. 무당 모자가 얹혀진 상자를 무서워한 것은 나뿐만이 아니었다. 함께 살던 고모는 할머니가 돌아가신 후 벽장에서 손이 나와 뺨을 때리는 것 같다며 무서워하기도 했고 어두워지면 무당 모자가 있는 공간에 들어가기를 두려워하는 사람들도 많았다. 결국

가을

할머니가 돌아가신 후 외할머니께서 그 상자와 모자를 죄다 마당으로 가지고 나와 불태워버리기는 했지만 할머니 살아생전에는 아무도 미신과 굿에 대해 반대를 표하는 사람이 없었다. 기독교 신자였던 할아버지마저도 별 말씀을 안 하셨던 걸로 보아 말 그대로 우리 집은 온갖 종교의 집합지였던 셈이다.

아마 지금이라면 할머니들끼리 싸우기도 정말 많이 싸우셨을 거고 할아버지와 할머니 사이도 상당히 안 좋아질 법한 상황이지만 이상하게 그때는 다들 서로의 믿음과 종교를 존중하는 분위기였다. 나의 믿음이 상대의 믿음과 다르다고 해서 그게 싸움의 요소가 되면 안 된다는 것을 본능적으로 아셨던 모양이다. 만약 세 분이 서로의 종교가 옳은 거라며 우기고 싸우셨다면 우리 집에 평화는 없었을 것이다. 내 것이 소중한 만큼 남의 것을 존중하게 여기는 지혜는 지금 생각해도 존경스럽다. 그런 집에서 보고 자라서일까, 나 역시 '다르다는 것' 자체가 싸움의 요소가 되지 않음을 일찍부터 깨달을 수 있었다.

사실 사람은 둘만 모여 있어도 싸우기 마련이다. 왜 그런 말도 있지 않은가. 둘이 있으면 둘이 싸우고, 셋이 있으면 1대 2

로 싸우고, 네 명이 있으면 편을 갈라서 싸우고, 다섯 명이 있으면 편 가르고 나머지 한 사람이 심판을 본다는. 우스갯소리이기는 하지만 어쩌면 인간의 본질을 참 잘 표현한 말이기도 하다.

내 배로 낳은 자식과도 마음이 딱딱 안 맞는데 생판 남과 찰지게 들어맞을 것을 기대하는 것 자체가 무리가 아닐까. 더군다나 사회에서 만나는 사람들은 내가 겪어 온 지난 세월을 모른 채 그냥 보이는 모습을 가지고 대면하는 경우가 많기 때문에 더더욱 마음이 잘 맞는 사람을 만나기가 힘들다. 마음이 맞는다고 생각해서 친하게 지내는 사람들도 그 면면을 들여다보면 결국, 서로 얻을 수 있는 이익의 지점이 동일한 것이거나 상대방에게 얻을 것이 있거나 하는 부분이 크게 존재하는 경우가 많다. 그리고 이들을 하나로 움직이게 하는 것은 긍정적이던 부정적이던 그 요소 자체는 욕심이란 부분에 근거하고 있다. 내가 잘 되고 싶은 욕심, 그래서 드러나고 싶은 욕심, 칭찬 받고 싶은 욕심 같은 것들이다.

누구나 욕심은 가지고 있다.
가만 보면 젊은 사람이나, 나이 든 사람이나 자기 것이 옳고 남의 것이 그르다고 우기는 사람들의 공통적인 특징은 욕심이 있다는 것이다. 긍정적인 자기 발전의 욕심이라기보다는 남과 비교해 스스로를 높이고 싶은 마음이기 때문에 나와 다른 것을 인정하지 않는다. 다른 것이 틀린 것은 아님에도 불구하고 다름을 인정하는 순간 패배자가 되는 듯한 느낌마저 받는 것 같다. 다른 것을 인정하면 자신과 비교를 할 수가 없어지고, 비교를 할 수 없으면 자신이 더 높아질 수가 없기 때문일까. 씁쓸한 노릇이다.

어렸을 때부터 온갖 종교가 혼재되어 있는 집 안에서 자라면서 나는, 은연중에 다름을 인정하는 것이 인간관계에서 평화를 가장 빨리 가져올 수 있는 요소라는 것을 배웠고 자라면서는 그 부분을 나서지 않는 부분에 적용시켜 왔다. 나는 남과 다르니까, 남들은 나와 다르니까 늘 한 발짝 뒤에서 고개를 끄덕이고 마음을 다스리면서 살아온 것이다. 그래서일까 지금도 나는 가장 앞으로 드러나는 자리보다는 두 번째 자리에서 묵묵히 앞사람을 보필하는 것이 훨씬 마음이 편하다.

사람 마음은 다 똑같다. 하지만 열 길 물속은 알아도 한 길 사람 속은 모른다 했다. 이 두 말을 합치면, 다 똑같은 사람인데도 그 속은 다 다르다는 말이다. 그럼에도 이처럼 다른 사람들이 옹기종기 모여 산다는 것은, 분명 그 다름을 이어주는 무언가가 있다는 것이다. 오히려 다르니까, 우린 그 다름을 극복하기 위해 더 열심히 살고 있는 건 아닐까. 다르니까 더 조화롭게 살려고 하는 건 아닐까.

어쩌면 우린 서로가 다름에 감사해야 할지도 모른다. 모든 사람의 생각과 취향 등이 똑같다면 우리는 각자 개성도 없고 너와 나로 구분이 되지도 않을 테니까. 내가 나일 수 있고 네가 너일 수 있는 건 순전히 우리가 다르기 때문일 것이다.

넓은 마음으로 다름을 인정하는 것, 시작하기는 쉽지 않다.

하지만 잊지는 말아야 한다. 다르다는 것이 틀리다는 의미는 아니라는 사실을 말이다.

그저 받아들일 수밖에

한로 寒露
알록달록한 단풍이 산천을 뒤덮는다
불쑥 내리는 차가운 이슬에 서둘러 수확하는 오곡백과

몇 해 전 가을, 소풍삼아 갔던 곳에서 그윽한 국화꽃 향기에 취했던 기억이 난다. 그 향에 이끌려 나도 모르게 들판으로 발걸음을 옮겼는데 순간 불어온 차가운 바람에 화들짝 놀랐다. 햇살은 가을이되 불어오는 바람은 겨울의 것과 닮아 있었기에.

그래서 선선한 바람이 불기 시작하고 어디선가 날아온 국화꽃 향기가 그윽하게 퍼지면 '또 한 해가 가고 있구나'라는 생각을 하게 된다.

나이가 들었다고 느끼는 시점은 사람마다 조금씩 다르다. 누군가는 결혼을 하고 난 후, 누군가는 자식을 낳고 난 후, 누군가는 부모님이 돌아가시고 난 후, 조금 조숙한 이라면 사춘기에 이미 나이가 들었다고 느낄 수 있다.

나도 문득 그런 걸 느낄 때가 있다. 특히 오래된 건물을 보고 있을 때. 내 기억 속에는 으리으리한 최신식의 건물이었는데, 시간이 흘러 가보니 생각보다 낡고 오래된 건물이 되어 있을 때, 시간이 이렇게 흘렀나, 내가 나이가 그렇게 들었나 하는 생각이 들며 허름해진 건물 여기저기를 유심히 살펴보게 된다.

어릴 적 내 모든 추억이 담겨 있는 그곳, 종로에 가면 마음이 애잔할 때가 종종 있다.

요즘의 종로 거리야 도로가 정비되고 큰 건물들이 들어서면서 옛 모습을 거의 다 잃었지만, 어릴 적 종로 거리는 당시 신식 문물과 옛 모습이 혼재되어 있었다. 소위 모던하다고 하는 풍물들이 마구 들어왔던 것이다. 지금 와서 보면 모던한 것이든, 전통적인 것이든 모두 구닥다리 풍물들이라 하겠지만 말이다.

대표적인 것이 화신백화점이었다. 그 어려운 시절에 유일하게 한국인이 경영한 걸로 유명한 화신백화점은 종로 거리에서 가장 큰 건물이었다. 입구에 들어서면 아름답게 치장한 여종업

원들이 우리를 반겼고. 손님들은 으리으리한 건물 안에서 각자 자신이 쇼핑하고 싶은 코너로 흩어졌다. 백화점 바로 바깥의 골목에는 상점들이 쭉 늘어서 있었는데, 백화점 안은 도무지 그것과는 비교도 안될 만큼 세련되어서 어린 내 눈엔 마냥 다 신기하기만 했다.

백화점을 벗어나 거리를 나가보면, 신식 문물이었던 전차가 거리를 가로질렀고, 그 옆으로는 인력거가 지나다녔다. 인도로는 한복 같은 전통 복장의 사람들과 백구두, 하이힐을 신은 모던 보이, 모던 걸들이 전차, 마차 등과 함께 마구 뒤섞여 거리를 활보했다.

그리고 저녁이 되면 지금의 종로대로 양쪽 길을 따라 길게 야시장이 서곤 했다. 사람들은 소소한 물건을 가지고 나와 늘어놓고 팔았는데 군것질 거리들도 꽤 많아서 종종 야시장을 구경하기도 했다. 야시장 노점에선 책도 꽤 많이 팔았는데, 우리 집에서 찍어내는 책과는 많이 달랐다. 어린 마음에도 저런 책이면 몇 번 읽은 후에 종이가 다 떨어지겠다, 라는 생각을 할 정도로 허술하게 만든 책이었다. 내용도 좀 야한 것들이 많았는지 노점 앞에 주저앉아 책을 집으려 하면 파는 사람이 만류하며 이건 읽는 게 아니라고 얼른 숨기곤 했다. 모두들 어려운 시절이었고 먹고 사는 것조차 쉽지 않은 시절이었지만 책을 읽는 사람이 의외로 많았기 때문에 서적상 앞에는 늘 사람들이 북적였다. 그 모든 것들이 어린 내 눈에는 마냥 신기하고 재밌었다.

요즘 종로를 가보면 그 시절의 풍취는 거의 다 사라지고 없다. 화신백화점도, 야시장도, 모두 사라지고 신식 건물들로 가득해 내 기억 속의 종로는 온데간데없다. 그저 할머니가 된 나만 덩그러니 놓여 있을 뿐.

나는 어느새 할머니가 되어 주름이 깊게 패였는데, 종로는 어떻게 하나도 늙지 않고 더 젊어진걸까, 그런 부질없는 생각이 들기도 한다. 하지만 신식 건물들을 지나 골목을 조금만 돌다 보면, 눈물 날 듯 반가운 종로의 모습들이 보인다. 신식 건물들 사이사이에 아직 없어지지 않고 남아 있는 골목들, 낡고 허름한 구식 건물들……. 종로의 구석구석 새겨진 주름들.

비단 나이가 들며 주름이 패이는 건 사람뿐만이 아니다. 건물도, 공간도, 나이가 들면 주름이 깊게 패인다. 종로의 그 주름들을 보고 있자면 난 그제야 비로소 고향에 돌아온 듯 마음이 사르르 녹는다. 그리고,

'참 수고했네…… 인생 참 열심히 살았구나.'

그런 생각이 들며 웃음이 난다. 도리어 기운이 난다.
사람도, 건물도, 공간도 모두 나이가 들고, 쇠하고, 사라져버리기 마련이다. 하지만 그 뒤엔 또 새로운 사람과 건물과 공간이 들어서며 다시 생을 시작하고 세상은 활기차게 돌아간다. 봄, 여름, 가을, 겨울, 그리고 다시 봄이 돌아와 사계절이 시작되듯. 그래서 난 그저 나와 함께 늙어가는 종로가 반갑고 정겹다.

누군가 그랬다.
인생의 깊이는 주름의 깊이와도 같다고.
세상과 함께 늙어가는 기쁨은 겪어보지 않은 사람은 모른다.

누군가 그랬다.
인생의 깊이는 주름의 깊이와도 같다고.
세상과 함께 늙어가는 기쁨은 겪어보지 않은 사람은 모른다.

霜降 상강
된서리가 내려 천지가 뽀얗게 뒤덮인다
추운 겨울을 나기 위한 준비들

부족하기에 더 고마운 세상

하얀 입김이 나올 정도로 싸늘해진 밤공기에 된서리가 소복소복 내린다. 아침 해가 뜨면 온 천지가 눈이 온 듯 하얗게 반짝인다. 동면하는 벌레들은 모두 땅 속으로 부랴부랴 모습을 감추고, 농촌에선 마지막 가을걷이로 분주하다.

조금 커서야 안 사실이지만, 이때쯤 되면 옛날엔 각 시, 군의 엽연초조합에서 잎담배 수매를 시작했다. 담배 수매가 시작되기 며칠 전부터 그 지역은 담배 등급을 판정하는 심사관들에게 잘 보이기 위해 시끌벅적했다. 한 해 동안 애써 키운 잎담배가 조금이라도 높은 등급을 받아야 값을 높게 받을 수 있었기 때문이었다. 심사관들은 사람들 한 명 한 명의 노력에 걸맞게 등급을 내렸는데, 누군가는 높은 등급을 받아 뛸 듯이 좋아하기도, 누군가는 생각보다 낮은 등급에 실망하여 괜히 성질을 내기도 했었다. 그렇게 등급을 받은 담배는 전국 각지로 퍼져 나갔고, 담배가 귀했던 시절인 만큼 다들 소중히 보관했다. 잎담배 하나에 온 마을이 떠들썩하게 울고 웃었던 시기였다.

그런데 시간이 흐르자, 어느새 수입 담배가 지천에 깔리기 시작했다. 잎담배를 찾는 사람들은 점차 줄어들기 시작했고, 예전처럼 잎담배 수매를 위해 마을이 떠들썩한 풍경은 찾아보기 힘들어졌다. 시대가 변하면서 새로운 것이 생기고 시간의 뒤안길로 사라지는 것들이 생기기 마련인데 이 잎담배도 그랬던 것이다.

새로운 것이 자꾸 생겨날수록 소유할 수 있는 것의 가짓수도 늘어난다. 부족함 없이 풍족하다는 건 매우 반길만한 일이다. 풍부한 자원, 풍족한 생활은 사람을 여유 있게 만들어 너그러운 마음이 가득할 수 있도록 해준다. 반면 빈곤, 가난, 부족함은 사람을 궁지로 몰아 극도의 불안감을 조성한다. 이렇게 본다면, 뭐든 부족함 없이 풍족한 이 시대를 사는 모든 이들은 여유가

넘치고, 언제나 너그러워야 할 것이다.

 하지만 현실은 그렇지 않다. 물론 개개인의 경제적 여부에 따라 차이가 있긴 하지만, 모든 것이 풍족함에도 불행한 사람을 찾는 것이 어렵지 않다. 오히려 부족한 환경에 있는 사람들이 더 행복한 경우도 종종 볼 수 있다. 풍족하다고 하여 행복한 것도, 부족하다 하여 불행한 것도 아니라는 말이다. 그렇다면 사람들은 어떤 차이 때문에 행복하거나, 불행해지는 걸까.

 지금에 비하면 어릴 적엔 뭐든지 부족한 시절이었지만, 해방이 될 즈음과 전쟁 중에는 특히나 더 사정이 좋지 않았다. 먹을 것은 두말할 것도 없었고, 공부를 함에 있어서도 부족한 것은 한두 가지가 아니었다. 공부한 내용을 쓸 종이와 연필은 어떻게든 구한다고 쳐도, 전깃불이 들어오지 않으면 아무 것도 볼 수가 없었다. 요즘은 전기가 들어오지 않는 집을 보기가 힘들 정도로 일반적인 것이 되었지만, 그 당시에는 전기가 들어오는 집이 드물 정도였다.

 시험은 코앞에 닥치고, 공부는 해야 하고 우리는 별 수 없이 남폿불을 켜서 공부를 했다. 요즘 부모들은 눈이 나빠진다고 어두운 불빛 아래서는 아이들에게 책도 못 읽게 하지만, 그 당시에는 어두침침한 남폿불이라도 고마웠다. 상황이 안 좋을 땐 그보다 더 어두운 촛불 아래서 공부를 하기도 했다.

하지만 어느 누구도 불평하지 않았다. 모두가 그런 삶을 살았던, 어려운 시기여서 그랬을 테지만, 주어진 것에 감사하는 마음을 누구나 가지고 있었던 까닭이 더 컸기 때문이다. 특히 생존과 연결되어 있으나 항상 부족하기만 한 먹거리에 대해서는 절실함이 더 컸다.

하루는 인쇄소 공장장이 완장을 차고 들어와선 먹을 것을 죄다 가져 간 적이 있다. 딱 쌀 한 가마니만 남기고 말이다. 요즘은 완전히 핵가족화가 되어 식구가 많아 봐야 서너 명 정도이지만, 그때는 대가족이 함께 살던 때라 쌀 한가마니라 해도 한 달을 버틸 수 없었다. 게다가 지금과는 달리 딱히 군것질을 할 것도 없어 오직 밥으로만 허기진 배를 채웠기에 쌀은 더욱 귀중한 것이었다.

헌데 우리는 그 쌀로 석 달을 버티었다. 하루에 두 끼만 먹었는데, 한 끼는 죽으로, 한 끼는 보리밥으로 먹었다. 그토록 힘들

가을

게 굶주렸던 시기였지만, 그때 먹었던 보리밥이 얼마나 맛있었는지 모른다. 시간이 흘러 사정이 좋아져 쌀밥을 먹게 되었지만 그때 먹었던 보리밥만큼 맛있진 않았다.

   전쟁 중에 박문서관을 다시 열면서 사람을 고용했는데, 월급을 주지 못했다. 그럼에도 그 사람은 전혀 불평불만이 없었다. 월급은 고사하고 밥만 먹여 주어도 좋다며 웃곤 했다. 있고 주지 않는 것이 아니라 밥상 하나 차려내는 것도 몹시 힘겨운 일이라는 것을 그도 알고 우리도 알고 있었기 때문에 가능한 일이었을 것이다.

   또 기억나는 일은, 우리 자매들이 아침마다 허리띠를 차지하려고 소동을 피웠던 일이다. 우리는 모두 같은 학교를 다녀서 교복이 똑같았는데, 빨래를 할 때 허리띠가 꼭 하나씩 없어져서 누군가는 학교를 가면서 허리띠를 하지 못했다. 그래서 우린 아침마다 허리띠를 먼저 차지하기 위해 소동을 피웠다. 부지런히 일어나 먼저 허리띠를 차지한 사람은 의기양양하게 학교를 갔고, 그렇지 못한 누군가는 허리띠가 없는 것을 선생님께 들키지 않기 위해 조심스레 등교하곤 했다.

모든 게 부족해 어려웠던 그 시절.

전기가 들어오지 않아 남폿불에 공부했던 그 기억이, 부족한 쌀을 아껴가며 보리밥을 먹었던 그 기억이, 부족한 허리띠 때문에 아침마다 시끌벅적했던 그 기억이, 새록 정겹고 새삼 그립다.

그 당시 우린 바람에 흔들리는 남폿불이 참 고마웠고, 쌀이 부족해 먹은 보리밥도 참 고마웠다. 하나가 부족했던 허리띠도 우리 자매를 더 가깝게 해줘 참 고마웠다. 월급도 받지 않으며 일했던 그 분의 웃음도 고마웠다.

부족함이 세상에 대한 고마움을 만든다.

모든 것이 갖춰져 있는 풍족한 상태였다면, 이러한 고마움을 느끼기란 쉽지 않았을 것이다. 부족한 만큼 고마운 세상을 알게 되었으니, 이보다 더 값진 부족함은 없으리라는 생각이 든다.

요즘은 무엇이 부족할까. 하나 있다면, 그것은 '고마움'일 것이다. 모든 것이 풍족하여 되려 고마움이 부족해져 버린 요즘 어린아이들을 보고 있자면 안타까운 마음도 든다.

그렇다고 언제나 부족하게, 가난하게 살아야 한다는 건 아니다. 풍족하여 여유로운 생활을 할 수 있는 건 분명 환영받을 일

이다. 다만 우리가 누리고 있는 이 풍족함을 당연한 듯 여기기보다는, 언제나 감사하는 마음을 지녀야 하지 않을까.

최근 자주 찾아 나서는 곳이 있다. 그곳에는 참으로 부족한 것이 많다. 대부분의 아이들이 흔히 가지고 있는 것들을 가지지 못한 아이들을 보고 있자면 마음이 쓰리다. 그래서 더욱 열심을 내게 된다. 그리고 그 아이들은 나의 작은 손길에도 '고마움'을 표해준다. 그 아이들이 가진 부족함이 내겐 감사의 조건이 된 셈이다. 부족함은 고마움으로, 그 고마움은 또 다시 고마움으로 이어진다.

그리운 것은 남폿불이나 부족한 허리띠의 부족함이 아니라 그로 인해 주고받았던 넉넉한 고마움, 아마도 그것이리라.

겨울

사위가 잠잠해서
조용히 눈을 감으면
주변에서 들리는 건 사박사박 눈 오는 소리.
바람에 덜컥이는 애잔한 문소리.
쨍 하고 깨지는 얼음 사이
봄을 기다리는 차가운 순간

立冬 입동

성큼 다가온 겨울의 시작
차가운 바람에 옷깃을 단단히 여미는 사람들

손 잡아드릴까

첫 서리가 내린 후, 하얀 입김이 몽글몽글 피어나는 겨울의 초입이 되면, 마을에선 김장을 하기 시작했다. 요즘에야 집에서 김장을 안 하고 사먹는 사람들도 많고, 한다 해도 열 포기나 스무 포기 정도 단출하게 하는 경우가 많지만, 예전엔 김장철이 되면 마을의 행사라도 되는 양 사람들이 여기저기 모여서 함께 김장을 했다.

   수백 통의 배추와 무를 다듬어서 소금에 절인 다음 밤늦도록 무채를 만들었다. 다음 날 절여진 배추에 양념을 하는데 이때 겨울에 먹을 김치는 생태, 낙지, 굴 같은 것을 넣었고, 봄에 먹을 김치는 간단한 양념으로 나눠서 만들었다. 이렇게 만든 김치 중 겨울에 먹을 것은 광에, 봄에 먹을 것은 땅에 묻어서 보관했는데 긴 겨울을 나는데 온갖 양념이 들어간 김치만큼 맛있는 것은 없었다.

    김장할 때는 특히 이웃이 중요했다. 이웃사촌이라는 말이 생생했던 시절이라, 김장을 할 때 이웃들은 거의 한 가족이나 다름없었다. 아예 한 집에 모여 다 같이 김장을 담그기도 했고, 각자의 집에서 담그더라도 종종 담 넘어 서로의 안부를 물어보며 필요한 것들을 갖다 주기도 하고, 빌리기도 하고 그랬다. 나를 비롯한 어린아이들은 부모들의 심부름을 하며 김장을 하는 내내 여기저기 뛰어 다녔는데, 그러다가 골목의 이웃집을 차례차례 들어가 갓 담근 김치 맛을 보기도 했다. 어른들이 배추 잎에 배춧속을 싸서 입에 넣어주면 맛있게 받아먹으며, 대청마루에 앉아 짧은 두 다리를 흔들흔들하면서 시간을 보내곤 했다.

    그렇게 뭐든지 서로 나누고 챙겨주던 시절이었다. 서로에게 부담 없이 주거니 받거니 했다. 해방도 함께하고, 전쟁도 함께 겪어서 일까, 무엇이든 함께 나누는 것이 더 익숙하고 편했다. 그만큼 정은 더 깊어졌고, 그럴수록 서로를 더 챙기게 되었다.

우리 집은 아버지가 일찍 돌아가셔서 어머니가 홀로 집 안을 꾸려 나가셨다. 물론 외할머니, 외할아버지가 와서 어머니를 도와주고 격려를 해주긴 했지만, 아버지의 존재를 대신 할 수 있는 건 아니었다. 비단 김장을 할 때뿐만 아니라 사시사철 어머니는 홀로 집 안의 대소사를 감내하셔야 했다.

아버지가 돌아가시고 일 년이 흐른 후였다. 점점 매서워지는 바람에 바깥에서 뛰어 놀기보다는 뜨뜻한 아랫목에 살갗을 붙이고 있는 것이 훨씬 더 좋았던 때였다. 우리 네 자매는 훈훈한 공기가 도는 방 안에서 서로 장난을 걸며 까르르 배를 잡고 웃고 있었다. 갓난아기였던 막내 동생도 뭐가 그리 좋은지 자그마한 두 손으로 연신 박수를 쳐가며 웃음꽃이 만발했다. 방 한 켠에는 갓 구워낸 군고구마가 모락모락 김을 피워내 겨울 분위기가 물씬 풍겼다.

그때 방문이 열리더니 차가운 겨울 공기가 불쑥 방안으로 스며 들어왔다. 마당에 아주머니 한 분이 서 있었다. 얼굴에 곰보 자국이 가득한 아주머니였다.

어머니는 우리에게 인사를 시켰고, 영문도 모른 채 우리 네 자매는 자리에서 일어나서 "안녕하세요" 하고 인사를 했다. 그리고 아주머니와 우린 방 안에서 군고구마를 먹으며 얘기를 나눴다.

 그 아주머니는 처음 보았지만 무척 밝고 명랑해서 곧바로 이모처럼 가깝게 느껴졌다. 어릴 적 천연두를 심하게 앓아 얼굴에 곰보 자국이 가득했는데, 그런 곰보 자국 하나하나가 다 애교덩어리라서 사람들이 다 좋아한다고 했다. 부끄러움 같은 건 전혀 없었다. 너무 재밌고 유쾌해서 우리 네 자매와 어머니는 아주머니의 이야기 속으로 폭 빠져 들었다. 처음엔 눈을 말똥말똥 뜨고선 경계를 하던 막내 동생도 아주머니의 행동 하나하나가 재미있었는지, 나중엔 까르르 웃음이 떠나질 않았다. 지금 생각해도 미소가 지어지는 아주머니였다.

 헌데 아주머니는 남편 이야기를 하면서는 울상이 되었다. 당시엔 공산당이라 하면 나라에서 잡아가던 시절이었는데, 공교롭게도 남편이 공산당이라 아주머니만 홀로 남은 것이었다. 아주머니는 그래도 괜찮다며, 씩씩하게 군고구마를 하나 집어 들어선 한 움큼 베어 먹었는데, 눈시울이 발갛게 되어 군고구마를 꾸역꾸역 씹어 넘기던 모습이 지금도 아련하다.

겨울

그 후, 아주머니는 한동안 우리 집에서 함께 지냈다. 추운 겨울, 아주머니 덕에 많이 웃으며 즐겁게 보낼 수 있었다. 하지만 6·25 전쟁이 터지면서 소식이 끊겨 지금까지도 어떻게 되었는지 알 수가 없다.

그 아주머니 외에도 우리 집엔 몇 분의 아주머니들이 더 오셨었다. 아니, 지금 생각해보면 훨씬 더 많았던 것 같다. 어머니는 젊은 나이에 남편을 잃고 홀몸이 된, 자신과 같은 처지에 있던 아주머니들을 거두어 들이셨던 것이다.

같은 처지에 있는 사람들은 그들끼리 통하는 것이 있었던 것 같다. 어머니는 방이 꽤 많았던 우리 집에 그 아주머니들을 들여 함께 지내며, 시간 가는 줄 모르고 이야기를 나누었다. 해가 떠 있는 낮에는 서로 도와가면서 일을 했고, 저녁때가 되면 다 함께 아랫목에 앉아 얘기꽃을 피웠다. 어린 나도 어머니와 아주머니들이 계신 방 앞에 앉아 쉴 새 없이 주고받는 이야기에 귀를 기울이곤 했는데 시간 가는 줄 몰랐었다.

그때는 그저 어머니가 아주머니들과 이야기하는 것을 좋아하는구나, 정도로만 생각했다. 하지만 그것 뿐만은 아니었다. 지금에 와서 생각해보면, 어머니는 고난을 함께 나누었던 것이었다.

어머니는 아버지를 일찍 잃고, 집 안의 사업, 우리 자매들과 막내 동생까지 모두 홀로 짊어져야만 했다. 아무런 준비도 되지 않았던 상태에서 너무 큰 부담을 짊어진 어머니는 그 부담감과 슬픔을 같은 처지에 있던 아주머니들과 함께 나누었던 것이다. 아주머니들 역시 어머니에게 많은 부분을 기댔던 것 같다. 서로가 서로의 슬픔을 덜어주고, 힘이 되어주며 함께 고난을 극복해 나간 것이다.

동병상련이라 했던가. 힘들 땐 홀로 그 고통을 감내할 것이 아니라, 주위 사람들과 함께 나누면, 훨씬 수월하게 고통을 이겨낼 수 있다. 고리타분한 말일지 몰라도, 슬픔은 나누면 반이 되고, 즐거움은 나누면 배가 된다고 했다.

어려울수록, 힘들수록 함께 나누는 것이 중요하다. 내 어머니 역시 슬픔을 나눠 가진 아주머니들이 아니었다면 홀로 그 고난을 이겨내지 못했을 것이다. 함께하는 것, 나누는 것. 그것이 고난과 불행의 몸집을 줄일 수 있는 가장 빠른 방법이었음을 그 아주머니들과 어머니는 아셨던 셈이다. 이렇게 오랜 시간이 지나서야 비로소 어머니가 깨달았던 것을 알게 되는 것을 보면, 분명 세월이 지나야만 알 수 있는 것들이 있는 것 같다.

나는 어려운 사람이 있으면 일단 손부터 잡는다. 그 옛날 어머니가 아주머니들을 위로하기 위해 손부터 덥석 잡았던 것처럼 나 역시 마음을 담아 손을 잡곤 한다. 고난을 나누기 위해.

겨울

소설 **小雪**

소복소복 내리는 첫 눈
하얀 눈이 살포시 쌓인 장독 안에서 익어가는 김치

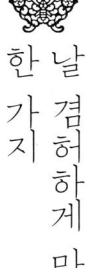

날 겸허하게 만드는 한 가지

겨울이 되면 눈이 오기 마련이다. 소복소복 나리는 눈은 세상을 온통 하얗게 만들고, 짐승들은 겨울잠을 잘 채비를 마친다. 어느새 푸른 잎들은 모두 떨어져 버리고 나무들은 세찬 바람을 맨몸으로 견뎌내, 험한 산등성이는 하얗게, 혹은 가지만 앙상히 남아 갈색 물결을 이룬다.

   이렇듯 차가운 공기가 온 세상을 휘감을 때가 되면, 사람들은 닥쳐 올 겨울을 무사히 나기 위해 대비를 한다. 지금이야 모두 난방을 하며 따뜻하게 겨울을 나지만, 어릴 적엔 지금처럼 난방이 잘 되지 않아서 그 노력은 눈물겹기까지 했다.

어릴 적 내가 보았던 종로의 겨울 풍경은 사계절 중 가장 바쁜 분위기였던 것으로 기억한다. 기온이 영하로 내려가면 각 집의 부모들은 김장하랴 방한 대비를 하랴 무척 바빴는데, 우리 집 역시 예외가 아니었다. 다만 우리 집은 아버지가 안 계셔서 어머니와 나를 비롯한 동생들이 추운 겨울이었음에도 불구하고 바지런히 땀을 흘려가며 집 구석구석을 살폈다.

특히 수도가 얼어 버려 물을 쓰지 못할 땐 정말 곤란했다. 당시엔 수도관이 낡은 것이 많아 동파되는 경우가 허다했기 때문인데, 그럴 땐 '토치 라이트'라 불렀던 도구를 이용했다. 그것으로 수도가 언 부분을 계속 녹여 물이 다시 나오게끔 했다.

하지만 수도가 아예 터져 버려 물이 흐르지도 않을 경우엔 우리가 어떻게 할 수 있는 방법이 없었다. 수리공을 불러 수도관을 고쳐야만 했는데, 그 사이 물을 쓰지 못할 땐 마을의 중앙에서 판매하는 공동 수돗물을 사다가 쓰곤 했다.

그래서 우린 겨울철 수도가 동파되기 전에 미리미리 대비를 했는데, 그 노하우는 갈수록 점점 늘었다. 처음엔 집 안에 들어오는 각 수도관을 찾아서 못 쓰는 헝겊이나 헌 옷가지들로 꽁꽁 싸맸다. 그 다음엔 비닐로 전체를 감싸 수도관이 차가운 공기에도 따뜻함을 유지할 수 있도록 했다. 그런 다음 해야 될 것은, 양수기실을 가마니, 겨, 헝겊 등으로 채워 넣는 작업이었다. 더 안전하게 하려면 보온덮개를 사용하면 됐는데, 그건 철물점이나 구청에 가서 사야 했다. 그리고 마지막으로는 수도의 앞 고동만 열어놓고 뒷 고동을 사용해, 수도꼭지를 조금 틀어 놓아 물이 얼지 않고 계속 흐르게끔 해두는 것이다.

이처럼 매해 동파를 대비한 노하우가 늘어났고, 점점 작업도 익숙해져 겨울이 되면 우리 가족은 각자 할 일을 맡아 수도관 동파 방지 작업을 마치곤 했다.

수도만 얼지 않게 대비를 한다고 해서 겨울을 무사히 나기 위한 준비가 끝나는 건 아니었다. 집 안에 겨울바람이 새어 들지 않도록 대비하는 것도 중요했다. 요즘은 건축 기술이 발달하고 창틀, 문틀 등의 자재가 워낙 튼튼하고 견고해 겨울바람이 잘 들지 않지만, 예전엔 바깥과 맞닿은 모든 부분이 부실하여 아무런 대비를 하지 않으면 겨울 내내 오들오들 떨며 혹독한 추위를 견뎌내야만 했다. 아랫목은 따뜻해도 웃풍이 차가워서 방 안에 있는 요강 속에 살얼음이 낄 정도였으니 말이다. 그렇다고 요즘

지금에서야 알 수 있는 걸

처럼 보일러 시설이 잘 되어 있던 것도 아니었으니, 스스로 집안 단속을 하는 수밖에 없었다.

  우선 홑벽으로 지어진 부분은 이중벽에 비해 방한 효과가 거의 없어서, 그러한 곳에는 커튼을 쳐서 외풍을 막아야 했다. 커튼도 하나만 쳐선 효과가 별로 없었기에 겹겹으로 매달아야만 했는데, 당시 키가 너무 작아 나무 사다리를 놓고 커튼을 달았다. 한 번은 내가 사다리에 올라가 커튼을 붙이려는데, 아래에서 사다리를 잡고 있던 동생이 깜빡 졸아 떨어질 뻔한 적도 있다. 동생과 나는 서로 쳐다보며 안도의 한숨을 쉬었고, 그러고선 깜짝 놀란 서로의 모습이 우스워 소리 내어 웃었다. 창문틀이나 미닫이 문틀 같은 곳엔 문풍지를 붙여 틈새로 새어 들어오는 서늘한 바람을 막았다. 그런 다음 불을 떼어 방바닥을 따스하게 해주면, 그나마 방 안에 훈기가 돌게 할 수 있었다.

  차가운 바람이 쌩쌩 부는 한겨울, 훈기가 도는 방 안에서 노닥거리는 기분이란, 모든 곳에 난방이 되어 있고 바람 들 일 없는 요즘에는 누릴 수 없는 즐거움일 것이다.

  내가 어릴 적 겪었던 이러한 경험들이 요즘에 와서 다시 쓰일

줄은 몰랐다. 으리으리한 고층 아파트들이 도심 곳곳에 지어지고, 시골에 가도 모두 신식 주택으로 지어, 사람들 대부분이 따뜻하게 지내는 줄만 알았다. 하지만 내가 지내왔던 살벌한 겨울처럼, 여전히 추위에 오들오들 떨며 겨울을 나는 친구들이 있었다. 그것도 꽤 많이…….

'이젠 다들 따뜻할 거야. 옛날처럼 그렇게 호들갑 떨며 겨울을 대비하지 않아도 다들 따뜻하게 겨울을 날 거야.'

그렇게 생각했던 내가 부끄러웠다. 나의 착각일 뿐이었다. 홀로 추위를 견뎌내야 할 아이들에게 조금이라도 더 따뜻한 겨울을 선물해주고 싶어 난 시간이 날 때마다 그 아이들을 찾아간다. 코끝을 얼리는 차가운 바람이 덮쳐 와도 아무도 챙겨주지 않는 홀로 남겨진 아이들. 그 아이들은 수도가 얼어 물이 안 나와도, 문틈으로 겨울바람이 새어 들어와도, 방바닥이 얼음장보다 차가워도, 도와줄 사람이 없다.

세상의 따뜻함보다 혹독한 차가움을 먼저 알게 된 아이들.

그 아이들을 보고 있자면 나는 그간 얼마나 편히 살아왔나, 반성하고 돌아보게 된다. 힘이 닿는 한 세상은 아직 따뜻하다고, 그저 춥기만 한 세상은 아니라고 알려 주고 싶다.

사람들은 태어나 죽을 때까지 오직 앞만 보고 걸어간다.

그 길은 사람마다 만들어가기 나름이다. 조금 둘러갈 수도 있고, 지름길로 갈 수도 있으며 앞, 뒤, 옆 한 눈 팔지 않고 한 길로만 걸어갈 수도 있다. 어떤 길로 갈지는 오로지 자신이 선택하기 나름이다. 다만, 그 길을 걸어가다 가끔씩은 멈춰 서서 주위를 둘러보는 것도 필요하다.

세상을 둘러보고, 나와 다른 사람들은 어떻게 살고 있나 살펴보면 나 자신도, 세상도 달라 보인다. 그렇게 낯설어진 세상은 사람을 겸허하게 만든다. 절로 고개가 숙여진다. 언제 어디서든 고개를 빳빳이 든 당찬 자신감도 중요하지만, 때로는 숙인 고개가 인생의 깊이를 더해주기도 하는 법이다.

그러니 가끔씩, 아주 가끔씩은 멈춰 서서 주위를 둘러볼 필요가 있다. 내가 내민 손을 덥석 잡을 사람이 분명히 있다는 것을 믿으며.

대설 大雪

함박눈이 내려 세상이 온통 하얗다
그 하얀 고요 속 피어나는 동심의 추억

전쟁
그 섬뜩했던 순간

세상을 얼릴 듯한 추위가 기승을 부린다. 게다가 대설이라는 이름에 걸맞게 큰 눈이 내려 바깥에서의 일은 모두 중단하고 집에서 눈과 추위를 견뎌낼 준비를 한다.

  이렇듯 추운 겨울이 되면, 옛날 농가에서는 크게 힘쓸 일이 없는 탓에 세 끼 밥을 먹기가 죄스러워 점심 한 끼는 꼭 죽을 먹었다고 한다. 지금으로선 왜 그렇게까지 하나 싶기도 하지만, 그 당시엔 쌀을 아끼려는 눈물겨운 노력이기도 했고, 일을 하지 않고는 밥을 먹지 않겠다는 결연한 의지이기도 했다. 농부들의 그러한 판단이 있었기에 지금 우리가 풍요롭게 밥을 먹을 수 있는 것인지도 모른다.

　농부들이 굳이 한 끼 식사를 죽으로 때웠던 것처럼, 어떠한 판단을 함에 있어서 기준이 되는 잣대는 여러 가지가 있다. 현재만 생각한다면 세 끼 식사 모두 밥을 먹었겠지만 미래를 생각했기에 한 끼 식사는 죽으로 먹었듯, 미래와 현재라는 것도 판단의 잣대가 될 수 있을 것이고, 옳고 그름, 크고 작음, 이득과 손실 등등 그때그때의 상황에 따라 수십, 수백 가지의 잣대를 들 수 있을 것이다.

　사람마다 판단의 잣대는 조금씩, 혹은 크게 다를 수 있다. 하지만 어떠한 잣대로 내린 판단이든, 그에 대한 결과가 오롯이 본인의 책임인 것만은 변함이 없다. 때문에 사람들은 결과가 자신의 삶에 큰 영향을 끼치는 일일수록 보다 신중하게 판단을 하곤 한다.

　평상시에도 마찬가지지만 특히나 옛날 전쟁 상황에선 신중하게 판단을 내려야 했다. 그릇된 판단을 내릴 경우 목숨을 보장할 수 없었기 때문이다.

　한 번은 인민군이 후퇴하면서 종로에 불을 지른 적이 있다.

불은 일주일이나 끄지 못했는데, 그 때문에 종로는 온통 불바다가 됐다. 마을 사람들은 인민군이 아직 밖에 있는 줄 알고 있었기에 아무도 밖으로 나올 엄두를 내지 못하고 불이 번지는 것을 그저 지켜만 봤다.

결국 불은 내가 살았던 집 근처의 YMCA 건물까지 덮쳤다. 만약 YMCA 건물을 넘어 우리 집까지 덮친다면, 우리 집엔 책이 가득 있었기 때문에 불이 활활 타오를 테고, 그럼 바로 옆집으로 옮겨 붙어 집들이 죽 늘어선 골목은 삽시간에 불바다가 될 것이 뻔했다.

우리 가족은 대피를 해야 할지 불을 꺼야 할지 고민을 했다. 불길이 너무 거셌기에 우리 힘만으로는 부족했다. 그런 거센 불길에 섣불리 대항하다간 우리 목숨마저도 위험한 상황이었으나, 우리 집에 불이 붙으면 마을 전체가 다 불에 붙을 수도 있어 그냥 있을 수만은 없었다.

이러지도 저러지도 못하고 망설이던 그때, 곳곳에 숨어 있던 마을 사람들이 양동이를 들고 일제히 쏟아져 나왔다. 마을을 지켜야 한다는 일념 하에 모두 바깥으로 나온 것이다. 개중에는 얼굴이 새하얗거나 수염이 아주 길게 자란 사람들도 있었다. 한

참을 숨어서 지낸 사람들이었다. 그 사람들까지도 불을 끄겠다고 은신처에서 뛰쳐나왔다. 우린 모두 하나가 되어 거센 불길에 달려들었다. 나도 뭔가 돕고 싶어 하얀 속곳을 들고 집 지붕 위로 올라가 열심히 펄럭였다. 어디선가 하얀 속곳을 지붕에서 펄럭이면 불이 더 이상 번지지 않는다는 것을 본 기억이 나서였다.

다행히 불은 우리 집까지 옮겨 붙지 않고 꺼졌다. 거센 불을 제압한 마을 사람들은 환호성을 질렀다.

아마도 마을 사람들은 자신의 집, 은신처에서 점점 덮쳐오는 불길을 어떻게 해야 할지 고민했을 것이다. 저마다의 잣대를 세워, 어떤 판단을 내려야 할지 말이다. 서로의 얼굴을 보며 의논이라도 할 수 있으면 좋았으련만, 모두 숨어 있었기에 의논조차 할 수 없던 상황이었다.

그런 상황에서 마을 사람들은 모두 똑같은 잣대를 세웠다. 마을이 불타는 것을 숨어 지켜볼 것인가, 위험하더라도 불길을 막을 것인가. 그리고 똑같은 판단을 내렸다. 어떻게든 마을을 지켜야 한다는 판단을. 그 판단 덕분에 마을은 무사할 수 있었고, 지금의 종로도 있을 수 있었다.

그 후 우린 시시각각 닥쳐오는 위기 상황 속에서도 대체로 큰 탈 없이 지냈다. 돌이켜봐도, 그 정도면 각 상황에 맞도록 꽤 판단을 잘 내렸기에 살아남을 수 있었던 것이다. 하지만 딱 한 번, 너무 섣불리 판단을 내려 낭패를 봤던 경우가 있다.

피난을 가기로 결심한 때였다. 어디로 갈지 막막했는데, 외할아버지가 오셔서 외가 쪽 친척이 많은 부산으로 결정했다. 짐을 다 싸고, 피난을 가기 바로 전 날이었다. 잠이 들려고 하는데 마루 밖 창문을 누군가 두드리면서 "아주머니, 문 좀 여세요. 밤손님이 왔어요"라고 하는 것이었다. 우린 야심한 밤에 올 사람이 없다고 생각하면서도, 손님이라는 말에 별로 대수롭지 않게 문을 열어줬다.

그게 화근이었다. 얼굴을 가린 도둑이 들어와 우리들의 손을 묶고선 보석과 돈을 전부 훔쳐갔다. 우린 빈털터리가 되어 피난도 못 갈 상황이 되어버렸다. 불행 중 다행히도 어머니가 약간의 돈을 깊숙한 곳에 감추어 놓아 그것으로 피난을 가긴 했다. 도둑이 창문을 두드렸을 때, 우리가 조금만 신중히 판단을 했어도 모든 것을 빼앗기진 않았을 텐데, 뒤늦게 후회했지만 소 잃고 외양간 고치는 격이었다.

  어떤 판단을 내릴 때는 항상 그 순간에 내게 무엇이 가장 소중한지를 생각해봐야 한다. 소중한 그것의 가치에 따라 판단이 달라지고, 결과가 판이하게 갈린다. 종로 거리에 불이 덮쳤을 때도 마을 사람들은 자신의 목숨보다도 마을을 더 소중하다 생각했기에 일제히 뛰쳐나올 수 있었다. 진정 소중한 것이 무엇인지 안다면, 판단을 내리는 것은 그리 어려운 일이 아니다.

  여담이지만 나중에 그 도둑은 잡혔다. 하지만 우리의 보석은 이미 다 팔아버린 후라 하나도 되찾지는 못했다. 우린 도둑을 어떻게 할까, 의논한 끝에 그냥 풀어주기로 했다. 보기에도 꽤 선량하게 보였고, 어떤 사연이 있어서 도둑질을 한 것 같았다.
  그 도둑이 후에 어떤 삶을 살았는지는 모르지만 그냥 풀어줬던 우리의 판단이 그릇된 것이 아니었기를 바란다.

종로 거리에 불이 덮쳤을 때도 마을 사람들은
자신의 목숨보다도 마을을 더 소중하다 생각했기에
일제히 뛰쳐나올 수 있었다.
진정 소중한 것이 무엇인지 안다면
판단을 내리는 것은 그리 어려운 일이 아니다.

冬至 동지

칠흑 같은 밤이 온 세상을 뒤덮는다
뜨뜻한 아랫목에 모여 이야기꽃을 피우는 가족들

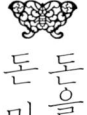

돈을 부르는
돈 만들기

지금처럼 텔레비전도 컴퓨터도 없었던 시절, 긴긴 겨울밤에 할 일이 딱히 없었다. 먹을거리도 넉넉하지 않아 입이 궁금하면 광에 넣어둔 김치를 꺼내 지져 먹거나 고구마, 감자 등을 삶아서 먹곤 했다.

동지가 되면 어머니는 늘 솥 한가득 팥죽을 끓이셨다. 아이들이 먹을 것은 새알심도 넣고, 설탕도 넣어 달콤하게 만들어주기도 했지만 일반적으로 끓이는 팥죽은 쌀과 소금이 들어간 것이었다. 이 팥죽을 한 그릇 뜨고 잘 익은 김치와 삭아서 흐물흐물해진 굴이며 낙지를 함께 먹는 맛은 별미 중에 별미였다. 게다가 얼음이 살짝 낀 동치미 한 모금이면 어린 마음에도 속이 뻥 뚫리는 느낌을 받을 정도였다.

  긴 겨울 밤, 나는 늘 이렇게 어머니가 가을에 마련해두신 주전부리를 먹으며 따뜻한 방 안에서 책을 보곤 했다. 집이 곧 서점이고 출판사였기 때문에 책은 늘 넘쳐났다. 내가 책 속의 세계에 푹 빠져 있을 때, 현실 세계에서는 할머니가 옆에서 조용히 돈을 다림질하고 계시곤 했다.

  할머니는 글을 모르는 분이었다. 외할머니는 젊은 시절 외할아버지와 함께 외국 생활도 하고 책도 많이 읽어서 상당히 깨어 있으셨지만 친할머니는 좀 다르셨다. 지금 생각해보면 외할머니가 교양 있고 문화적이고 고운 이미지라면, 친할머니는 재리에 밝고 머리가 좋은 사업가 기질이 있는 분이었던 것 같다. 그만큼 매섭기도 해서 어머니는 호되게 시집살이를 했다. 오죽하면 어머니가 보고 싶어서 때때로 집을 찾아오셨던 외할머니도 부엌에 있는 어머니가 고개를 저으며 눈치를 주면 딸과 말 한 마디 못하고 다시 돌아가셨다고 한다.

  이렇게 무서웠던 할머니는 돌아가시기 전까지 박문서관의

CCTV 역할을 하곤 하셨다. 그 눈빛이 어찌나 날카로웠는지 조금이라도 게으름을 피우는 직원은 어김없이 할머니에게 혼쭐이 났다. 게다가 인쇄소는 직공들이 퇴근 할 때 공장장이나 감독관이 항상 도시락 검사를 했다. 박문서관은 다른 인쇄소와는 달리 평판 인쇄가 아닌 보다 정교한 인쇄물이 나올 수 있게끔 활판 인쇄를 했는데 구리로 만든 활판을 내다 팔면 꽤 돈이 되어서 빈 도시락 통에 숨겨 나가거나 주머니에 넣는 식으로 훔쳐 내다팔 수도 있기 때문이었다. 하지만 할머니가 매섭게 감시를 한 덕에 활판을 가지고 나가는 데 성공한 사람은 단 한 명도 없었다.

그렇게 하루 종일 박문서관을 감시하던 할머니는 날이 저물어서 다들 퇴근을 하고 나면 방석 밑에서 돈을 꺼내어 하나하나 다림질을 하셨다. 할머니가 돈을 다림질하기 전에 하시는 일이 하나 더 있었는데 바로 청소였다. 거의 매일 마치 의식처럼 이루어졌다.

박문서관에서 돌아오시면 할머니는 방에서 나와 툭툭 무릎을 터셨다. 그리고 긴 전선줄을 이어서 불을 밝히고 뒷방과 다락방, 그리고 상품을 보관하는 광 두 개를 깨끗하게 청소하셨다.

지금 생각하면 주변을 잘 정돈해야 복이나 돈이 들어온다고 생각해서 그리 하셨던 것 같다. 백 명이 넘는 직원과 식솔들, 군식구들을 먹이고 입히고 보살피는 일은 모두 어머니에게 맡긴 채 도와주지도, 도와줄 생각도 하지 않았던 엄한 시어머니였지만 이 청소만큼은 어머니에게 시키지 않았다. 마치 마지막 곳간 열쇠를 지키는 느낌으로 차근차근 청소를 하는 할머니의 모습은 어린 내 눈에 굳건해 보이기까지 했다.

그렇게 청소를 마치면 할머니는 옛날엔 흔히 볼 수 없었던 지전을 방석 밑에 잘 넣어 두었다가 한 장 한 장 꺼내 다림질을 했다.

어두운 밤, 밖에서 아무리 바람이 불고 눈이 오고 날이 험해도 할머니의 다림질은 동요가 없었다. 마치 주름 하나 없는 돈이어야만 돈으로서의 가치를 인정받는다고 믿는 사람처럼 할머니는 오랜 시간 돈을 다려서 차곡차곡 보관하곤 했다.

어떻게 보면 그건 할머니의 기원이었다.

내가 돈을 이렇게 귀하게 여기니 돈이 많이 들어왔으면 좋겠다는 바람.

귀하게 생각해줄 테니 더 많이 오라는 기원.

겨울

소중한 것을 소중하게 다뤄야 그것이 가치를 잃지 않고 긴 시간 곁에 머물 것이라는 믿음.

이 모든 것이 할머니가 돈을 다림질 하시면서 마음속으로 바랐던 것일지도 모르겠다.

그래서일까. 난 지금도 돈을 내고 거스름돈을 받았는데 돈이 구겨져 있거나 찢어져 있으면 그 자리에서 손으로 펴거나 찢어진 부분을 바로 잡는다. 많이 찢어진 부분은 꼭 집에 와서 테이프로 붙이고 접거나 구기지 않고 차곡차곡 지갑에 정리해 넣는다.

단위가 같은 것끼리 모아서 쭉 정렬을 해놓고 나면 괜히 기분이 좋아지면서 이 돈들이 분명 다른 돈을 불러 올 복 돈이 되어 줄 거라는 생각도 든다.

요즘 사람들에게, 아니 사람이 모여 살면서 무언가 생활에 필요한 것이 생기면서부터 돈이라는 것은 삶과 떼어 놓을 수 없을 만큼 중요해졌다. 그런데 가만히 보면 요즘 사람들은 버는 것은 중요하게 생각하면서 쓰는 것이나 돈을 다루는 부분은 소홀히 하는 듯하다. 사실 뭐든지 없던 것을 있게 하거나 모자란 것을 채우는 것은 노력하면 발전할 여지가 크다. 그런데 있는 것을 잘 관리해서 지키는 것은 일반적인 노력만으로는 부족하다.

  돈도 그렇다.
  돈을 벌 수 있는 방법도 찾아보면 없지 않고, 돈을 쓰는 것도 쉽다. 그런데 돈을 잘 관리하고 지키기는 참 어렵다. 돈을 버는 것 같은데 어디다 쓰는지 모르겠다고 한탄하는 사람들에게 나는 우선 돈을 대하는 태도부터 바꿔보라고 얘기한다. 태도가 바뀌면 마음도 따라 바뀌기 마련이다. 무엇이든지 내가 소중히 여기고 극진히 아낀다면 그 마음을 알아채고 저절로 모이게 되어 있다. 그것이 돈이든 사람이든 상관없다. 무릇 삶의 이치란 그런 것이니 말이다.
  그리고 그 옛날 우리 할머니가 마치 귀한 자식 대하듯 정성들여 돈을 다림질 했던 그 마음으로 돈을 대한다면 아마 한 푼을 써도 허투루 쓰지 않게 되지 않을까.

小寒 소한

매서운 바람결에 따뜻한 방 안에서도 코끝이 찡하다
만물이 꽁꽁 얼어붙어 마치 정지해버린 듯한 세상

취할 것이냐
즐길 것이냐

아버지는 즐거움을 사랑하는 분이었다. 그만큼 흥이 많은 분이었다. 특히 음악, 문학, 술을 좋아하셨다. 아마 지금 시대에 태어났더라면 가수나 탤런트가 되었을지도 모른다. 사실 끼를 타고 난 사람들이 그 끼를 숨기기는 쉽지 않다. 어떤 방식으로든 발현시키기 마련인데 아버지의 경우는 예술을 사랑한 젊은 사장님의 모습으로 그 끼를 발현시켰던 것 같다.

  지금도 '퐁당 퐁당'이라는 동요를 들으면 떠오르는 장면이 하나 있다. 열한 살 때 돌아가신 아버지인지라 또렷한 기억이 많이 남아 있지는 않은데 그나마 남아 있는 기억 중 하나가 바로

이 '퐁당 퐁당' 동요와 연관이 있다.

  나의 막내 여동생은 얼굴도 예쁘고 노래도 잘하고 율동도 야무지게 해서 아버지는 종종 동생에게 노래를 불러보라고 했다. 술을 한 잔 걸치고 기분이 좋아진 아버지가 동생을 부르면 동생은 고운 원피스를 입고 쪼르르 아버지에게 달려가 마치 전속가수인 양 열심히 '퐁당 퐁당' 노래를 불러드렸다. 그러면 아버지는 피아노로 반주를 쳐주시며 무척 기뻐하셨다.

  동생에게만 노래를 시키는 것이 아니라 당신도 노래를 즐기셨다. 게다가 피아노며 만돌린 같은 악기도 잘 다루셨기에 저녁이 되면 종종 노래와 반주를 곁들인 잔치 아닌 잔치가 벌어지곤 했다. 노래와 악기, 술과 사람은 아버지가 아버지다울 수 있는 또 다른 요소이기도 했다. 그리고 그 중에서 아버지가 가장 좋아했던 건 술과 사람이었다.

  대를 이은 출판사집 사장답게 아버지가 친하게 지내는 사람들은 당대의 내로라하는 문인들이 많았다. 특히 한국학을 전공하셨던 아버지는 최남선 선생님이 오셨다는 얘기를 들으면 자다가도 벌떡 일어나서 버선발로 선생님을 맞이하곤 했다. 그리고는 낮이건 밤이건 상관없이 술상을 차려 주거니 받거니 긴 시간을 함께 이런 저런 얘기를 나누셨다. 그럴 때의 아버지는 마치 어린아이 같았다. 눈은 반짝이고 목소리도 한 톤 높아졌으며 손짓도 커졌다. 어린 마음에도 '아, 우리 아버지가 정말 즐거워하시는 구나' 하고 느껴질 정도였다.

당시 박문서관을 통해 책을 냈던 문인들은 당대 최고의 소설가, 역사학자, 국문학자들이었다. 교과서류나 사전류, 희곡, 시집, 동화도 많았지만 가장 인기가 있었던 것은 역시 신소설이었다. 춘원 이광수 선생님의 《사랑》, 김동인, 박종화 선생님의 소설들이 큰 인기를 얻었다. 그리고 나중에 내 아주버님이 되신 황순원 씨의 소설들도 역시 박문서관을 통해 세상에 선보인 문학 작품이었다.

이런 소설뿐 아니라 아버지는 친분이 있던 문인들에게 수필이나 기고문을 받아서 〈박문〉이라는 일종의 월간지를 발행했다. 30페이지 정도 되는 작은 책이었는데 총 23권이 발행되었고, 출판계 소식, 문화계 소식, 소소한 신변잡기적인 문인들의 생활 엿보기 등 다양한 내용이 담겨 있어서 나름 인기가 많았다고 한다. 나도 어릴 적에 한두 권 본 기억이 있다. 특히 이 〈박문〉이 출간되는 날이면 우리 집 사랑방은 문인들로 북적거렸다. 새로 나온 책에 대해 토론을 하기도 하고, 문학 작품에 대한 온갖 이야기들을 주고받는 자리였다. 그리고 이 자리에서 가장 크게 웃고 떠들며 술을 권하고 즐기는 사람은 우리 아버지였다.

아버지가 얼마나 책과 역사, 문화를 사랑하셨냐면, 전쟁 당시 우리 집에 《이조실록》과 《고려사기》의 원본이 있었는데, 남들이 피난 갈 짐을 꾸릴 때도 아버지는 이 책들을 꼼꼼하게 궤짝에 넣어 포장을 하셨다. 그때는 대체 왜 아버지가 저 책들을 포장하고 계신건가 의아했지만 당시 아버지에게는 그 어떤 재산보다 그 책들이 더 값어치가 있었던 것이다. 그렇게 포장한 책을 뒷마당에 잘 묻어놓고 피난을 갔다가 올라왔지만, 이미 그 책들은 사라지고 없었다. 한 동네에 살던 풀집 아저씨 말에 의하면 당시 우리 집을 드나들던 김동석이라는 사람이 죄다 파내어 북한으로 가지고 갔다고 했다. 어른이 된 후 신문에서 김동석이라는 분이 북한측 통역관으로 나온 것을 본 적이 있는데 그때, 나는 제일 먼저 아버지가 소중히 지키려 했던 《이조실록》과 《고려사기》가 떠올라 한동안 아버지 생각에 목이 메었다.

  눈이 소복하게 쌓인 겨울이면 아버지는 별다른 안주 없이 단출하게 마당에 쌓인 눈을 보며 한두 잔 술을 드시는 것을 좋아하셨다. 추워서 이불을 둘러쓰실지언정 문을 꼭 닫지 않으셨다. 찬바람이 방 안을 한 번 휘돌고 나가면 술이 깨는 듯 꼿꼿하게 앉아서 한 잔, 두 잔 술을 즐기셨다.
  여러 명이 함께 즐기는 자리에서는 간혹 취할 때도 있으셨지만 여간해서는 흐트러진 모습을 보이지 않는 아버지였다. 지금 생각해보면 아버지는 흥으로 술을 드셨고, 술이 즐거워서 드신 분인 것 같다. 무언가를 잊기 위해, 도피하기 위해 먹은 술이 아니라 즐기기 위해 술을 드셨다고나 할까. 당시 아버지가 어떤 마음으로 술을 드셨는지 나는 알지 못하지만 단편적으로 남아 있는 기억 속의 아버지 모습을 떠올려보면, 아버지가 그 시간을 진심으로 즐기셨다는 느낌이 든다.
  어렸을 때 봤던 문인들의 술자리는 낭만이 있었다. 술 한 잔에 사랑을 논하고, 술 한 잔에 인생을 노래하고, 술 한 잔에 사람에 대한 이해를 담는 자리가 당시 문인들의 술자리였다. 요즘

힘……드는 세상이다.
마음……어지러운 시기이기도 하다.
능력대로, 마음대로 하기 어려운 상황이 태반이다.

처럼 폭탄주를 퍼부어 인사불성이 된다든가 술이 술을 먹을 때까지 무방비상태로 방치하는 건 거의 보기 어려운 광경이었다.

힘……드는 세상이다.
마음……어지러운 시기이기도 하다.
능력대로, 마음대로 하기 어려운 상황이 태반이다.
하지만 어렵고 힘들다 한들, 그때처럼 나라를 잃었던 것도 아니요, 전쟁으로 모든 것을 잃고 막막한 것도 아니요, 내일 먹을 쌀이 없어서 이웃집에서 쌀뜨물을 얻어다 푸성귀를 넣어 죽을 끓여 먹을 정도로 배고픈 것도 아니다. 그럼에도 불구하고 못 살겠다, 힘들다, 죽을 것 같다는 소리는 그때보다 훨씬 많이 들린다. 정말로 죽을 뻔 했던 사람은 죽고 싶다든가 죽을 것 같다는 소리를 함부로 하지 못한다. 그 극한의 느낌을 너무 잘 알고 있기 때문에 오히려 말하지 못하는 것이다. 대신 고비를 넘으면 단단해진다는 이치에 맞게 좀 더 마음의 테두리가 두꺼워지고 고난에 대한 근육이 단단해진다.

이상한 건 정말로 죽음이 코앞에 있고, 막막함이 내 인생뿐 아니라 주변 사람들의 인생에도 가득 막을 뻗고 있을 시기에는 오히려 희망을 논하며 일어나려는 사람이 많았다는 것이다. 그렇다면 우리는 그때보다 세상을 이기는 힘이 없는 걸까? 그런 시기에도 희망을 논하며 기울인 술잔인데, 백 배 천 배쯤 나은 상황인 지금 잊자고, 도망가자고, 죽자고 마시는 건 왜일까.

나는 어리광이라고 얘기한다. 술의 힘을 빌어 세상에 대해, 인생에 대해 어리광을 부리고 있는 것이라고.

술이라는 녀석은 참 묘해서 처음에는 넙죽넙죽 어리광을 잘도 받아준다. 토닥여주기도 하고 힘든 일을 잠시 잊게도 해준다. 그런데 문제는 거기에 의지하다보면 결국 내 자신이 무너지고마는 결론에 도달한다는 것이다.

술은 어리광의 대상이 아니다. 즐기는 것이다. 가장 암울했던 시기에 가장 아름다운 것을 논했던 박문서관의 문인들처럼, 술은 벗이고 함께하는 시간이고 기대하는 미래가 투영된 즐거운 것이다.

올 겨울에 눈이 오면 꼭 창문을 열고 눈 온 풍경을 보며 술을 한 잔 해야겠다. 친구들과 함께, 마음 편하게 말이다.

정말로 죽을 뻔 했던 사람은
죽고 싶다든가 죽을 것 같다는 소리를 함부로 하지 못한다.
대신 고비를 넘으면 단단해진다는 이치에 맞게
좀 더 마음의 테두리가 두꺼워지고
고난에 대한 근육이 단단해진다.

大寒 대한

추위가 조금 누그러들지만 여전히 얼어붙은 세상
그럼에도 따뜻한 새해를 꿈꾸는 희망

그러려니
다 그러려니

한번은 친구에게 세상에서 가장 멍청한 여자는 바로 자기 며느리의 남편을 아들이라고 생각하는 여자라는 얘기를 듣고 박장대소를 했다. 그런데 그 말을 듣고 허리가 끊어져라 웃는 사람은 나밖에 없었다. 다들 한편으로는 떨떠름해 하고 또 한편으로는 인정한다는 얼굴로 착잡하게 앉아 있었기 때문이다.

그러면서 친구들은 약속이나 한 듯 한바탕 며느리와 아들 험담을 시작했다. 물론 나도 사람이기에 맘에 안 드는 것도 있고 성에 차지 않는 점도 있지만 그럼에도 불구하고 같이 있던 사람들의 태도는 좀 낯설었다. 뭐가 그렇게 서운하고 노여웠기에 마치 무슨 성토대회마냥 끝도 없이 불평불만이 쏟아져 나오는 걸까 싶어서 말이다.

하도 아무 말 없이 앉아 있으려니 내게 질문이 날아왔다. 일종의 동조 내지는 맞장구를 쳐줄 만한 답을 기대하는 모습들이었다. 하지만 내가 할 말은 별로 없었다. 내가 남들보다 너그러워서도 아니고 착해서도 아니고 열려 있어서도 아니다. 내게 내 며느리, 내 아들의 태도는 '그러려니' 안에서 용납되는 까닭이다. 사람이 사람에게 어떻게 백 퍼센트 정확하게 기대에 맞춰 행동할 수 있겠는가. 나 자신도 상황에 따라 조석변인데 남에게 그런 것을 기대하는 것 자체가 잘못된 것이 아니겠는가. 그래서 내가 얻은 태도는 바로 '그러려니'이다.

모든 어머니의 아들은 언젠가는 누군가의 남편이 되기 마련이다. 또 모든 어머니의 딸은 누군가의 아내가 되고 며느리가 된다.

계절이 돌고 도는 것처럼 관계 역시 돌고 변하고 바뀌게 되는데 이상하게 사람은 관계 변화에 대해 유난히 적응을 하지 못한다. 자기가 가지고 있는 자리와 위치를 어떻게든 지키려는 욕심 때문일 것이다.

얼마 전, 우연히 사자와 호랑이를 함께 키우는 동물원에서 서로 영역을 뺏기고 뺏는 과정을 드라마처럼 구성한 프로그램을 보았다. 그 동물원 내의 가장 높은 곳에 있는 넓은 바위가 대장이 앉는 바위인데 다들 호시 탐탐 그 바위를 노리며 쟁탈전을 벌인다는 것이 전체적인 이야기의 핵심이었다.

그런데 참 우스웠던 것이 그 동물들이 하는 행태가 사람의 그것과 조금도 다르지 않았기 때문이다. 잘생긴 사자에게는 암컷들이 마구 달라붙어 애교를 부리고, 상처도 있고 좀 비루해 보이는 사자는 자기가 먼저 암사자에게 다가가도 무시를 당했다. 게다가 왕좌에 앉은 사자의 총애를 받는 사자들이 어찌나 뻐기면서 다니던지! 그 와중에도 충성을 다 하는 그림자 같은 존재가 있고 호시탐탐 왕좌를 노리는 녀석도 있었다. 게다가 분열이 된 틈을 타서 왕좌를 빼앗으려는 황호와 백호까지. 그 세 종류의 맹수들이 엎치락뒤치락 하면서 왕좌를 빼앗고 뺏기고, 다시 빈틈을 노리는 과정이 얼마나 내 무릎을 탁 치게 했는지 모른다. 그 작은 동물원 안에 인간의 모든 인생사가 다 들어 있는 듯했다.

높아질 때가 있으면 낮아질 때도 있고, 사랑 받다가 마음이 바뀔 수도 있고, 신임을 받다가 무시당할 수도 있다는 것. 그리고 그 경우를 견디지 못하고 바르르 떨 것이 아니라 그러려니, 하며 한 발 물러서는 것이 그 맹수와 사람이 다르다는 것을 새삼 깨달았던 것이다.

나이가 들면 들수록 사소한 것에도 서운하고 오해가 쌓여 노여움이 된다. 그리고 그럴 때마다 스스로를 가장 속상하게 하는 것은 젊었을 때는 그러지 않았던 내 과거의 모습들이다.
이런 것쯤은 아무렇지도 않게 넘겼는데, 요즘 말로 쿨하게 괜찮다고 말할 수 있었는데…….
그랬던 것이 아쉬워지고, 서운해지고, 마음속에 쌓여서 노여워지고, 다시 서러움이 되는 그 과정 속에서 비로소 '나이가 들었구나, 아, 이제는 의도적으로 그러려니 하면서 이해하고 포용을 해야 하는 때가 왔구나' 하는 것을 깨닫게 된다.
사실 지금 내가 알고 있는 것들의 상당 부분은 젊은 시절 말로는 무슨 말인지 이해는 했지만 가슴으로 납득하고 받아들이는 것까지는 하지 못했던 것들이다. 이 '그러려니'도 그렇다. 사업을 처음 시작해서 눈에 안 차고 마음에 마뜩찮은 것이 산더

미처럼 쌓여 혼자 분을 삭였다 풀었다 할 때, 사업가 친구가 해준 말이 바로 이 '그러려니'였다. 생각해보면 어렸을 때 남들에게 퍼주고 고된 시집살이에 고생하는 엄마가 안쓰러워 발을 구를 때 어머니가 하셨던 말도 이 '그러려니'였다. 되짚어 보면 내가 보고 듣고 배웠던 사람들은 모두 이 '그러려니'를 마음 한 구석에 잘 품고 살았고, 산 사람들이었다.

그리고 이제는 내가 내 스스로에게, 그리고 내 뒤를 좇아오고 있는 인생 후배들에게 이 '그러려니'를 말하고 있다.

이 말의 무게가 얼마나 무겁고, 또 얼마나 가벼운 것인지는 아마 시간이 지나서 스스로가 머리와 마음에서 한 번에 단어가 튀어나올 때 즈음에서야 알 수 있을 것이다. 그럼에도 불구하고 나는 이 말을 꼭 가슴에 담고 마음에 새기라고 얘기해주고 싶다.

세상 모든 것이 순리대로,

흐르는 대로.

그러려니, 아니겠는가.

박문서관 전경
왼쪽 흰 두루마기를 입으신 분이 할아버지

지금에서야 알 수 있는 것들

지금에서야 알 수 있는 것들

어머니가 시집을 때
예단을 싣고 오던 사진
지금의 다동거리

아버지와 어머니의
약혼사진

지금에서야 알 수 있는 것들

종로거리에서
어머니와 친구분
옛날에는 사진사가 길가는 사람을 찍고 돈을 받았다.

가족사진
윗줄 왼쪽부터 노승헌 저자,
첫째 여동생, 아랫줄 왼쪽부터 둘째 여동생,
막내 남동생, 어머니, 셋째 여동생

지금에서야 알 수 있는 것들

지금에서야 알 수 있는 것들

2011년 7월 27일 초판 1쇄 인쇄
2011년 8월 3일 초판 1쇄 발행

지은이 | 노숭현
발행인 | 전재국

본부장 | 이광자
단행본개발실장 | 박지원
책임편집 | 이효원
마케팅실장 | 정유한
책임마케팅 | 정남익 노경석 김진학 신재은
제작 | 정웅래 박순이

발행처 (주)시공사
출판등록 1989년 5월 10일(제3-248호)

주소 | 서울 서초구 서초동 1628-1(우편번호 137-879)
전화 | 편집 (02)2046-2853 · 영업 (02)2046-2800
팩스 | 편집 (02)585-1755 · 영업 (02)588-0835
홈페이지 | www.sigongsa.com

ISBN 978-89-527-6268-9 13810

본서의 내용을 무단 복제하는 것은 저작권법에 의해 금지되어 있습니다.
파본이나 잘못된 책은 구입하신 곳에서 교환해 드립니다.